U0680761

"天津市哲学社会科学规划研究项目成果"，天津市"互联网+体育"生态服务体系构建研究，项目编码：TJTY18-013

中国体育学文库

| 体育人文社会学 |

"互联网+体育"
生态服务体系构建研究

——以天津市为例

张未靖　著

北京体育大学出版社

策划编辑　孙宇辉
责任编辑　井亚琼
责任校对　吴　珂
版式设计　中联华文

图书在版编目（CIP）数据

"互联网+体育"生态服务体系构建研究：以天津市
为例／张未靖著. --北京：北京体育大学出版社，
2023. 3
　　ISBN 978-7-5644-3664-3

　　Ⅰ. ①互… Ⅱ. ①张… Ⅲ. ①互联网络-应用-体育
产业-服务业-研究-天津 Ⅳ. ①G812. 721-39

　　中国版本图书馆 CIP 数据核字（2022）第 096774 号

"互联网+体育" 生态服务体系构建研究
"HULIANWANG+TIYU" SHENGTAI
FUWU TIXI GOUJIAN YANJIU

张未靖　著

出版发行：北京体育大学出版社
地　　址：北京市海淀区农大南路 1 号院 2 号楼 2 层办公 B-212
邮　　编：100084
网　　址：http://cbs.bsu.edu.cn
发 行 部：010-62989320
邮 购 部：北京体育大学出版社读者服务部 010-62989432
印　　刷：三河市华东印刷有限公司
开　　本：710 mm×1000 mm　1/16
成品尺寸：170 mm×240 mm
印　　张：9.5
字　　数：128 千字
版　　次：2023 年 3 月第 1 版
印　　次：2023 年 3 月第 1 次印刷
定　　价：85.00 元

（本书如有印装质量问题，请与出版社联系调换）

版权所有·侵权必究

目录
CONTENTS

绪论

第一节　选题背景与研究意义

一、选题背景

在"互联网+"时代，体育服务业凭借对社会经济发展的巨大推动作用，与其他相关产业相互交叉、相互渗透、相互融合的特征，成为体育产业中发展速度最快的一支。在体育服务业不断迈向中高端水平的同时，其存在的不足和未来高质量发展的路径与方向等问题迫切需要我们从新的角度进行审视、引导和解决。

2015年，国务院印发《关于积极推进"互联网+"行动的指导意见》，指出"互联网+"行动需要借助互联网信息技术与诸多领域深度融合，最大限度地解决创新资源分散化与信息不对称等问题。从国家层面上看，"互联网+"行动已经成为中国推动经济转型的核心战略。互联网的实质是一种智能连接关系，对体育产业高质量发展起支撑、保障的作用。互联网时代，"用户至上""联通互动""迭代创新"等思维方式和创新模式必将渗透到体育服务体系中的各个领域和环节，不仅为"互联网+体育"服务融合发展带来新机遇，也为其融合模式带来新变化。

体育服务业作为符合未来发展方向的、国家政策重点扶持的产业，近年来一直保持增长态势。体育服务业主要由健身休闲、场馆经营、体育赛事、体育培训等产业构成。体育服务业对促进城市发展、拉动就业和提升人们的生活质量具有重要作用①。我国人均可支配收入的增加，大众生活方式的改变和健康意识的增强，促进了体育服务业中健身休闲、场馆经营、体育赛事、体育培训、体育传媒与信息服务等业态的快速发展。

国家一系列重大政策举措，均将体育服务业发展作为重要目标。《关于加快发展体育产业促进体育消费的若干意见》提出"产业结构更加合理，体育服务业在体育产业中的比重显著提升"。2019年9月，国务院办公厅印发《关于促进全民健身和体育消费推动体育产业高质量发展的意见》提出，"力争到2022年，我国体育服务业增加值占体育产业增加值的比重达到60%"。政策红利的持续释放，使体育服务业快速向中高端水平迈进。

2019年，国家统计局公布的《体育产业统计分类（2019）》表明，2014—2017年，我国体育用品制造业总规模占体育产业总规模的比例在下降，体育服务业增加值持续两年超过体育用品制造业。而体育服务业在体育产业中的比重也由2014年的33.6%上升为2017年的57%，体育服务业在"互联网+"时代的快速发展进一步推动了体育产业内部结构的优化升级。

体育服务业因具有与相关产业相互交叉、相互渗透、相互融合的特征，已经成为体育产业中发展速度最快、创新最活跃、增值效益最大的产业。在"互联网+"时代，体育服务业已经开始注重技术的深度渗入与商业模式的创新，注重线上与线下融合、互动，整合服务资源，探索

---

① 孙素玲，臧云辉. 我国体育服务业发展现状、问题及对策 [J]. 首都体育学院学报，2015，27（6）：500-504.

多样化的"互联网+体育"服务的跨界合作模式,不断优化体育资源配置。同时,"互联网+"提供的技术契机,使体育服务业向网络化、融合化、生态化发展。大数据、物联网、人工智能等高新技术都开始广泛植入体育服务领域,无论是体育赛事、场馆预订,还是健身指导、运动分析、体质监测、交流互动等,服务模式都在不断创新。体育服务业具有更广阔的发展空间,对国民经济和社会发展的支撑作用也在不断增强。

然而,当前体育服务业在发展中存在的问题还有很多,其生态不够完善。比如,体育服务产品质量有待提升。虽然围绕"互联网+体育"出现了在线订票、体育社交、体育旅游等新的体育服务产品,但目前尚未占据主流,且发展动力不足,在个性化、有层次、成体系方面有待提升;健身休闲、场馆经营、体育旅游、体育培训等服务业态缺乏有效供给,一定程度上无法满足新型的体育消费需求。

体育生态论作为以生态观念为核心、运用生态学的理论与方法探讨体育的生存环境及其管理和发展的理论,目的是解决人、社会和相关环境的和谐发展问题,以可持续发展为价值支撑,对于研究"互联网+体育"生态服务体系构建和未来发展的问题具有重要的指导意义。

生态学以生物之间的关系和生物与周围环境之间的关系为主要研究对象,以指导人与生物圈的和谐、协调发展为主要研究目的。生态系统是人类社会赖以生存和发展的基础,是生态学领域的一个主要结构,强调生物与环境的整体性和综合性,重视协调与和谐。目前,社会各界广泛关注的重大科学和决策问题集中在如何解决满足人类发展需要与持续保障地球生命支持系统的基本结构和功能的矛盾上,旨在探究如何协调两者实现可持续发展。生态学的相关理论作为一种认知观与研究方法,已经被应用到经济、教育、行政、传播、体育等社会科学研究的诸多领域。

在"互联网+"时代，为了筹谋个人、社会组织与体育服务环境的和谐发展，体育服务研究领域已经将生态学理论与方法引入体育服务系统，研究体育生态服务的问题。体育生态服务是在人类社会发展过程中，在体育服务理论与生态学相互交叉、渗透的背景下，为促进体育服务业的发展而产生的全新视角，研究的主要目的在于实现体育服务系统的平衡、和谐，改善体育服务环境乃至促进人类社会各个方面可持续健康发展。由于现代体育、体育服务业与社会生活的关联度日益加深，人们对体育服务的研究不断深化、多样化，不断拓展生态学中生态观念观照的领域，越来越重视体育服务与生态环境之间的关联、体育服务的生态化发展。

生态学为体育生态服务体系的研究与构建提供了新视角、新思路和新方法，而经济生态学、文化生态学等领域的理论也为研究提供了开阔的视野。因为体育服务业可持续发展、和谐发展、高质量发展离不开创新的思维和视角，所以融合相关学科的科学方法，发展体育服务生态理论，是研究的必要路径。

从体育生态和服务生态的角度来看，体育生态服务体系和发展的研究相对匮乏，还需要进一步深化。同时，受到传统体育服务领域认知的制约，从事体育服务活动的组织尚未对体育生态服务体系形成普遍的认知，尚未意识到一个稳定、平衡、可持续的体育生态服务体系对促进体育服务发展的重要性。随着体育服务机构、组织和体育服务系统的增加，市场的考验更加严峻，竞争更加激烈，各个体育服务机构、组织就必须合理选择和调整自己的生态位，提高自身的竞争力，与体育服务系统中其他生态位达到和谐、可持续发展状态。因此在"互联网+"时代，从体育生态学角度研究体育服务体系的构建、运行及发展具有重要的意义。

二、研究意义

"十三五"期间,我国体育服务业以快速发展的态势成为体育产业乃至国民经济发展的支柱产业,互联网技术的发展也催生了各种新型的体育消费方式和体育消费活动,人们的消费习惯也由偏重实物型消费转变为注重服务型消费。"十四五"时期我国开启社会主义现代化强国建设和体育现代化发展新征程的第一个五年规划。天津市拥有独特的体育资源优势,京津冀联合推出跨省市的体育产业资源交易平台,人民具有较高的体育消费水平,"十四五"时期是天津市全面建设体育强市的关键期。因此,从可持续发展、和谐发展的角度,用生态学的视角审视、分析和研究天津市体育服务业的环境、体系和演化,探求体育服务相关政策、体育服务组织、体育服务用户、体育信息技术服务等生态位之间及各生态位与体育服务生态环境之间的关系,进行天津市体育生态服务体系的基本理论研究和实证研究,具有一定的理论意义和实践价值。

(一)理论意义

第一,立足时代特征,探索体育生态服务体系的基本理论与框架体系。目前,对体育生态服务的理论研究尚少,且较零散,本书从"互联网+"的社会环境、技术环境等入手,并结合生态学、体育生态学、文化生态学、经济生态学等理论,阐释体育服务业高质量、可持续发展生态化考量的必然性。对天津市体育生态服务体系构建的研究既丰富了体育生态服务的基本理论与方法,也在一定程度上丰富了体育生态学的内容。

第二,有利于深化处于"互联网+"时代的天津市体育生态服务体系建设，并拓展理论探讨的空间，拓展生态学的应用领域，丰富生态学的内容，扩展体育服务业理论研究的视角。

第三，有利于为实现天津市体育服务生态化发展提供思路和建议。目前，与体育服务业相关的政策比较缺乏，而政策服务体系是体育生态服务体系构建的保障要素，因此，本书将政策服务的目标定位、顶层设计以及保障与运行设为重点之一，为天津市体育生态服务政策的制定提供思路和建议。

（二）实践价值

第一，从政策、资源、需求、环境四个生态位的角度提出可行性建议，有助于优化天津市体育生态服务环境。

第二，为天津市体育生态服务体系的优化提供参考，促进体育服务资源的合理配置和有效利用，促进体育服务组织的创设以及体育生态服务体系的和谐发展，以期达到体育生态服务体系内部生态与外部环境之间平衡、可持续发展。

第三，为厘清体育服务相关组织、机构的生态位定位，明确体育生态服务体系内部结构，保持竞争优势提供相应的建议。同时，将生态意识和生态理念传播到体育服务的各个环节和领域，促进体育服务业的良性发展。

第二节　研究目标、研究内容与创新之处

一、研究目标

本书所涉应用生态学、体育生态学等学科的相关理论，着眼于新时代"互联网+"社会环境以及技术层面因素，进行天津市体育生态服务体系构建的研究，力求实现以下目标：在厘清体育生态服务相关概念的基础上，从体系构建入手，以政策生态位、资源生态位、需求生态位、环境生态位四个方面揭示体育生态服务体系的重要生态位及核心本质，构建一个相对完善、具有创新性和实践指导意义的体育生态服务体系，并结合天津市体育服务目前的发展现状提出优化路径，希望为天津市体育服务业的发展和高质量体育城市的建设提供理论支撑。

二、研究内容

本书借鉴生态学、体育生态学等相关理论，结合学者的研究成果，在分析"互联网+体育"生态服务现状的基础上，初步构建"互联网+体育"生态服务体系，研究构成要素之间的关联性与互动性，具体内容包括以下四个方面。

（一）政策生态位："互联网+体育"生态服务体系构建的保障要素

政策生态位在体育生态服务环境中占据十分重要的位置，对体育产业发展、体育服务业发展起到保障作用。体育服务业要实现生态化发展，在一定程度上需要相关政策的保障、引领、扶植，因此需要从生态学的角度思考天津市体育服务政策，具体内容包括：①体育服务政策的目标定位；②体育服务政策生态位的顶层设计；③体育服务政策体系的保障与运行。

（二）资源生态位："互联网+体育"生态服务体系构建的基础要素

在"互联网+"时代，先进技术不断被应用于社会各个行业和领域，体育服务业因具有融合发展的特性，与各个领域的连接更为密切，这无疑为体育服务业的发展提供了良好的资源保证。同时，国家的统计数据均表明体育服务业的发展继续向好，体育服务业已经成为体育消费的重要渠道。随着社交媒体快速繁荣，网络技术不断进步，用户对体育服务的需求量与日俱增，因此体育服务资源成为构建体育生态服务体系的基础要素，具体内容包括：①信息资源；②技术资源；③人才资源；④自然资源。

（三）需求生态位："互联网+体育"生态服务体系构建的核心要素

刺激用户需求已经成为实现体育服务业高质量发展的必要手段。而从生态学的视角审视"互联网+"时代体育服务业的和谐发展，不仅要注重社会大众的需求，还要关注各个行业自身发展的潜在需求。也就是说，需求生态位主要包括两个层面：第一，消费者对体育服务的需求；

第二，社会各行业在自身发展过程中的需求。基于此，本部分分别从健身休闲、品牌赛事、智能场馆、体育教育、"体育+"跨界需求五个方面对消费者需求、行业需求进行探讨。

（四）环境生态位："互联网+体育"生态服务体系构建的根本要素

无论是生态学的思维方式，还是体育生态学的基本原理，都是从系统的视角重新对环境进行审视与校正，也正是基于此，将体育服务业作为一个生态系统来看待，以人与自然、人与社会、社会与社会、人与自身的"和谐"为核心，以体育服务业的可持续发展为旨归，最终实现自然环境、社会环境、人文环境等的全面整合发展。因此，环境生态位是"互联网+体育"生态服务体系构建的根本要素，也是根本目标。环境生态位的主要内容包括：①自然环境；②人文环境。

笔者对天津市"互联网+体育"生态服务现状进行实证调查、分析，指出目前发展中存在的问题，结合国内外优秀"互联网+体育"服务的经验，提出天津市"互联网+体育"生态服务体系的优化路径。

三、创新之处

以生态学和体育生态学的视角审视天津市体育服务政策、体育服务资源、体育服务需求、体育服务环境之间的相互作用，并构建符合生态理念和可持续发展的天津市体育生态服务体系。

运用生态位理论、生态位"态""势"理论等对天津市体育服务业发展中的不同生态位进行解读，并形成新颖的理念和方法，对每个生态位内部的不同内容进行定位。

对天津市体育生态服务体系的构建提出构思，并提出体育生态服务体系的优化策略，包括体育服务态势优化、生态位扩充以及融合发展方法与策略等。

第三节　研究方法与技术路线

一、研究方法

对相关研究进行全面系统的文献调查、网络调查、专家访谈，在此基础上，采用抽样问卷调查、定性和定量分析、与描述性研究相结合的方法，了解天津市体育服务业的发展现状。

运用比较分析、综合分析、跨学科研究等方法，根据收集到的相关材料，对比天津市体育服务业在"互联网+"相关政策颁布前后的发展状况，并与其他体育发达城市进行比较，分析体育生态服务体系的构成要素和子系统，并运用生态学、营销学等理论进行跨学科研究，形成相应的观点与优化模式。

二、技术路线

本书所涉的技术路线如图1所示。

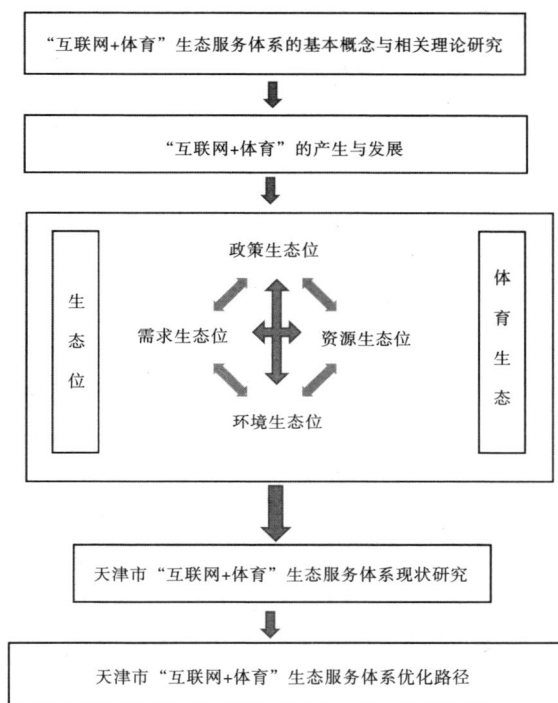

图1　天津市"互联网+体育"生态服务体系
构建研究的技术路线

第四节　文献综述

一、"体育生态""生态体育"的相关研究

体育是人类社会生活的重要组成部分。如今，我们无论是从文化学的视角还是从社会学的视角来分析、研究体育现象、规律等，都不能脱

离对生态化的认知。现代体育与社会生活的方方面面关联程度不断加深，生态学的观念迅速进入体育研究领域，以生态观念观照体育、剖析体育运行规律、促进体育和谐发展已经成为一种必然。

体育与生态环境的融合发展成为新的发展趋势。现代人对体育的需求不仅体现在强身健体方面，还体现在获取体育信息、使用体育科技产品、观看体育赛事、体验特色体育旅游、进行体育教育等方面，由此可以发现，体育服务的发展方式已经开始从"以人为中心"转化为人与自然、人与人、人与社会等多方面和谐共生、共存、共荣的发展方式。生态学的理念已经深入体育研究和发展的各个层面，形成了多种词语概念，如体育生态、生态体育、体育生态学、体育生态化、生态化体育、体育生态系统、体育文化生态、绿色体育等。许多学者非常关注"体育生态"和"生态体育"的研究，对体育生态学进行了概念界定和理论构建，拓展了研究范围，创新了研究方法。从21世纪初开始，一些体育界学者就开始将生态学的相关观念引入体育研究，提出了一些很有价值的观点和见解。

邓跃宁在《体育生态学的创建》一文中提出，"所谓体育生态学，就是指人们通过谨慎的和合理的体育方法获得那种需要的自然生态系统的承载能力，以实现体育、文化、经济的可持续发展"[①]。该学者在强调人们通过体育活动达到增强体质、增进健康的目的的同时，开始注重考虑自然生态系统的承载能力，也就是说，关注视角从强调以人为中心转为思考人与自然的和谐发展，在自然生态系统中以科学、合理的方法开展体育活动。

陈光华等在《对构建体育生态学几个问题的探讨》一文中提到，体育生态学"是研究体育运动的自身规律和体育与外部环境系统之间

---

① 邓跃宁. 体育生态学的创建 [J]. 体育学刊, 2002 (6): 5-7.

相互关系的规律，从而达到体育—自然—经济—社会协调持续发展的一门学科"①。游海燕、肖进勇等在《体育生态论》中指出，"体育是社会生态系统的一个子系统"②，以生态思想认识体育，以生态观念评说体育，以生态立项倡导体育。首先，书中对体育生态论的理论框架进行了系统论述，并且对体育生态系统的一般特征、一般规律进行了详细阐述。其次，书中分别从体育的自然环境、体育的社会政治经济环境、体育的社会人文环境三个层面对体育环境进行分析，进而对体育主体进行详细论述。最后，书中指出体育生态系统中存在的失衡问题和优化的初步思考，以及对生态体育的展望。体育生态方面的研究范围进一步扩大，不仅有利于研究的完整性，还有利于体育生态学的建设与发展。

谢雪峰等在《体育生态论纲》一书中展现了体育研究引入文化生态学的研究成果，以文化生态学的视角研究体育发展的问题，书中指出"这种体育产生、发展所依存的同时又与体育产生互动的复合环境和条件，以及参与体育活动的主体本身的各种条件和特质，共同构成体育生态"③。该书较系统地探索了体育生态环境论、结构论、原理论、规律论、行为论和发展论等，进一步拓展了体育研究领域，打破了只用一种方法研究体育的限制，研究开始力求涵盖体育生态现象的整体，注重多元性的研究，共同审视体育外环境与体育内环境，即将自然、经济、人文环境与体育生态系统内部的运行机制、规律、功能等结合研究。

李宏斌在《体育生态学的孕育与创设》一文中指出体育生态学的内涵，即"体育生态学是一门以生态的思维方式和生态学的基本原理，把体育视为一个生态系统，以人与自然、人与人、社会与社会、人与自身的'和谐'为核心价值理念，以体育的可持续发展为旨归，最终实

① 陈光华，周志俊. 对构建体育生态学几个问题的探讨 [J]. 四川体育科学，2005 (2)：1-3, 7.
② 游海燕，肖进勇，等. 体育生态论 [M]. 成都：四川科学技术出版社，2008：1.
③ 谢雪峰，唐宏贵，张江南，等. 体育生态论纲 [M]. 北京：北京体育大学出版社，2011：172.

现人的自由全面发展为研究对象的学说"①。

体育是社会文化的一个重要组成部分,随着现代科学技术的不断进步,体育的发展道路在适应生态环境变化和人们物质生活的需求方面也产生了巨大变化,因此,有很多学者从体育文化发展的角度对其与自然环境、社会环境的相互作用机制提出见解和论断。体育生态系统是一个互动的、具备发展变化特性的复杂系统,其中的各个要素不仅相互作用,也相互依赖、相互协调。

如今,以一般的视角进行体育研究已经很难揭示时代背景下体育发展所面临的问题,所以科学地引入生态学原理,不仅可以为体育持续发展做好理论支撑,还可以促进体育协同、健康、和谐发展。

以"体育生态"为主题,从中国知网查询2001—2020年的国内核心期刊,结果显示有250篇文章。其中,以"体育生态"和"生态体育"为主题的论文有37篇,其余的文章主题主要有生态视角与体育产业、社区体育、学校体育、竞技体育、体育旅游、民俗体育、民族传统体育、大型体育赛事、体育教育等,如图2所示。

由此可以看出,2008年北京奥运会之后,学者们在"绿色奥运"理念的引领下,提升了对体育生态的认知,拓展了研究范围,研究领域也不再是宏观的论述,而是开始将生态学的理念引入微观体育领域,"体育生态"的相关研究展现出良好的态势。但笔者在梳理文章的过程中发现,"体育生态"和"生态体育"的界定和使用混淆不清。

---

① 李宏斌. 体育生态学的孕育与创设 [J]. 商丘师范学院学报,2012,28 (6):98-101.

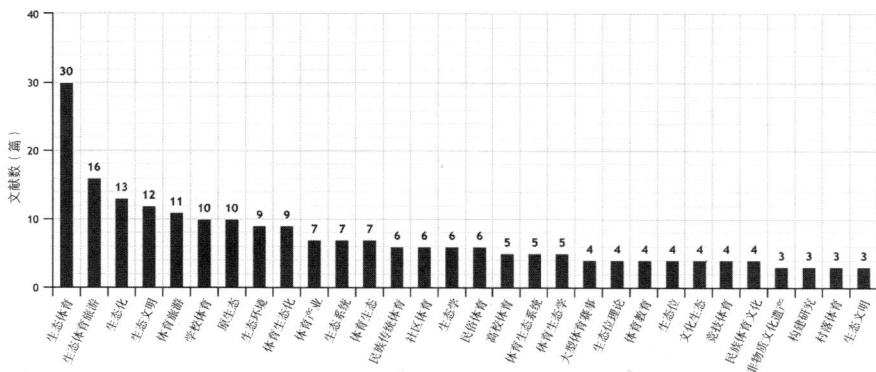

图 2　近 20 年中国知网收录的体育研究方面的核心期刊论文主题分布数量

笔者对生态体育的概念和内涵进行梳理，发现以下五种比较有代表性的观点。

（一）生态体育是在自然中进行的没有对抗性的体育活动

许传宝在《体育生态学——绿色体育的理论基础》一文中指出，"生态体育指人们借助自然环境，不拘形式地进行休闲锻炼的体育活动，如攀岩、溜冰、登山、滑雪、漂流、野营、定向运动等"[①]；陈雪燕等在《科技体育和生态体育——未来体育发展的新模式》一文中也给出了类似的解读，即"生态体育的活动形式多种多样，它的主要特点是自然、率真和娱乐……因而也可以称之为'自发体育'"[②]。

（二）生态体育是按照生物发育规律来开展的身体活动

李宏斌在《生态体育的生态伦理底蕴》一文中指出，"生态体育就是以自然的活动方式，在自然环境下，按照生物发育的规律来开展的一

[①]　许传宝．体育生态学——绿色体育的理论基础［J］．沈阳体育学院学报，2001（4）：87-89.
[②]　陈雪燕，赵莹，王希柳．科技体育和生态体育——未来体育发展的新模式［J］．山东体育科技，2002（2）：58-59，67.

些身体活动。生态体育最突出的特征就是自然，亲近自然、贴近自然，它是人文体育、绿色体育、环保体育、天然体育，更重视阳光、空气、水对人体健康的重要价值"①。

（三）生态体育是人与自然环境、社会环境和谐共存的体育文化活动

倪斌在《生态体育内涵探析》一文中提出，生态体育是"以人与人、人与自然、人与社会的和谐共存为前提，以身体运动为媒介，以健康、文明的生活方式为诉求，在自然与社会环境中进行的体育文化活动"②。

（四）生态体育是用生态学的理念和手段研究体育领域中的问题

翟寅飞等在《构建"生态体育"体系之必要性与可行性思考》一文中提到，"生态学的实质是生物与环境之间的关系，生态体育则反映的是人、体育、生态三者之间和谐统一的关系"③。

（五）生态体育是运用生态学的原理，进行体育治理和促进体育发展的一种手段和方式

徐正旭等在《生态体育：实现体育强国梦的内在逻辑及实现路径》一文中提到，"生态体育是以生态思维方式化解体育领域各利益主体之间的矛盾，通盘考虑人与自然、人与社会的发展，实现宏观经济社会发

① 李宏斌. 生态体育的生态伦理底蕴 [J]. 伦理学研究，2011 (1)：119-121.
② 倪斌. 生态体育内涵探析 [J]. 才智，2009 (30)：168-169.
③ 翟寅飞，熊炎，郭敏刚. 构建"生态体育"体系之必要性与可行性思考 [J]. 湖北体育科技，2007 (4)：412-413.

展、中观体育事业发展、微观个体健康发展的协同"①。季春美等在《体育强国建设背景下生态体育发展研究》一文中，进一步拓展了生态体育的内涵，提出"生态体育不仅仅是为了发展体育或只是化解体育领域的矛盾，生态体育是'为了发展'的体育治理方式之一，是树立生态的理念和思维方式，创新基于生态和谐的体育内容，推动体育为国民经济社会发展做出贡献的一种体育实践"②，并认为生态体育是一种创新的治理模式。

综上所述，目前"体育生态"的研究更多存在于体育生态学领域，从探讨体育与自然的关系中发现生态孕育体育，进而将生态理论作用于体育研究，最终催生体育生态学的建立。而"生态体育"则指在自然环境和社会生态环境中开展的体育活动，更加着重体现体育、生态环境和社会环境的协调、共生、共荣的特征，以实现人自身、人与自然、人与社会的和谐发展。

二、"体育服务"的相关研究

国内学者对体育服务相关领域的研究成果非常丰富，研究范围非常广泛。笔者在中国知网上以"体育服务"为主题对核心期刊进行搜索，得到从 2001 至 2020 年共计 55 篇文章，研究范围涵盖体育服务产品、社区体育服务、群众体育服务、城市体育服务、全民健身、体育服务业、体育服务标准化等领域。

李可在《体育服务的基础概念研究》一文中提到，"体育服务是一

---

① 徐正旭，李宏斌. 生态体育：实现体育强国梦的内在逻辑及实现路径 [J]. 沈阳体育学院学报，2014，33（6）：33-38.
② 季春美，刘东升，杜长亮. 体育强国建设背景下生态体育发展研究 [J]. 广州体育学院学报，2020，40（4）：1-5.

个由生产者向顾客提供与体育有关的活动及劳务的过程，是一种凝结了活劳动和物化劳动消耗的劳动成果"①。体育服务领域的研究已经成为学者的关注焦点，在研究过程中更多的学者将体育服务的概念等同于公共体育服务的概念。

关于公共体育服务的概念和内涵，笔者梳理了比较有代表性的观点。

（一）强调公共供给和需求的视角

肖林鹏等在《公共体育服务概念及其理论分析》一文中指出，"公共体育服务指公共组织为满足公共体育需要而提供的公共物品或混合物品。公共组织是公共体育服务的供给主体；全体公民是公共体育服务的客体；公共体育需要是公共体育服务供给的发端和归宿；公共体育服务的内容丰富、供给模式多元"②。概念强调了供需双方在公共体育服务中的地位，进而强调体育服务的供给主体是公共组织。肖林鹏（2008）在《论我国公共体育服务供给的基本问题》一文中对已有公共体育服务供给主体范围进行了扩充，指出"政府和体育行政部门、准政府组织、非政府组织、企业和个人都可能成为公共体育服务的供给主体"③，这使体育服务供给方的概念认定更加完备。

（二）突出公共体育服务的组织属性的视角

闵健等在《公共体育管理概论》一书中提到，公共体育服务指公共体育组织和公共体育服务人员为社会公众的体育活动所提供的体育产品和体育劳务④。樊炳有等在《体育公共服务——内涵、目标及运行机

① 李可. 体育服务的基础概念研究 [J]. 湖州师范学院学报, 2012, 34（1）: 69-72.
② 肖林鹏, 李宗浩, 杨晓晨. 公共体育服务概念及其理论分析 [J]. 天津体育学院学报, 2007（2）: 97-101.
③ 肖林鹏. 论我国公共体育服务供给的基本问题 [J]. 体育文化导刊, 2008（1）: 10-12.
④ 闵健, 李万来, 刘青. 公共体育管理概论 [M]. 北京: 北京体育大学出版社, 2005: 162.

制》一书中指出，体育公共服务指提供服务行为和体育公共产品的总称，包括发展体育公共事业，加强体育公共设施建设，发布体育信息等，为参与社会体育活动和丰富社会公众生活提供社会保障和创造条件[①]。范冬云在《我国体育公共服务研究中几个问题的探讨》一文中认为，"体育公共服务是政府、企业和第三部门等供给主体为满足社会成员体育需要而提供体育公共产品的过程"[②]，该学者还认为体育服务的研究重点应该体现"公共"属性，体育服务的对应群体应该是公共的，而非某些特定群体的专项服务。

（三）强调公共服务职能的视角

戴永冠等在《公共体育服务概念、结构及人本思想》一文中指出，"公共服务是一种职能，公共产品只是这种职能的体现形式，推导至体育领域，公共体育服务只是公共服务职能在体育领域的延伸和实现。也就是说公共体育服务本质也是一种职能，至于公共体育设施、公共体育产品、公共体育活动等等，只是实现公共体育服务职能的方式和内容"[③]。

上述概念均是围绕"公共体育服务"展开的，可以看出学者们在很长一段时间内，都强调在政府导向的基础上进行研究。虽然学者们对体育服务的概念和内涵有不同认知，但是均认同政府主导、公共组织，以及公共体育产品和服务供给是公共体育服务概念的主要内涵。当学者们从系统论的视角入手对体育服务进行研究，又延伸出关于体育服务体系的相关研究。体育服务业是体育产业的核心产业，因此对体育服务业涵盖范围的研究也颇为丰富。

---

① 樊炳有，高军.体育公共服务——内涵、目标及运行机制［M］.北京：人民体育出版社，2010：8.
② 范冬云.我国体育公共服务研究中几个问题的探讨［J］.成都体育学院学报，2010，36（2）：6-8，12.
③ 戴永冠，林伟红.公共体育服务概念、结构及人本思想［J］.武汉体育学院学报，2012，46（10）：5-10.

针对体育服务业的构成，1993年，日本的独立行政法人经济产业研究所（RIETI）的广濑一郎提出，体育服务业按性质可以分为Do服务和See服务。Do服务指参与者去做，服务商管理运营设施和传授技能（健身、娱乐培训等）；See服务指参与者去看，服务商（团体、球队）提供比赛、表演有关的事务①。这项研究较早地把体育服务业按照服务客体的不同体验进行分类。2001年，我国学者卢元镇等在《体育产业的基本理论问题研究》一文中对体育服务业进行了更详细的分类，包括体育竞赛表演业、体育健身活动业、体育空间服务业、体育培训教育业、体育信息咨询业、体育会展业②。2002年，国家体育总局经济司对体育服务给出官方的分类，即体育服务包括体育组织服务、体育场所服务、休闲健身活动服务和其他体育服务。

以政府为主导提供的体育公共服务，以满足众多市民休闲生活需求为目的，并将能向受众提供公共服务的制度以及公共体育产品的系统称为体育公共服务体系。王才兴在《构建完善的体育公共服务体系》一文中认为，公共体育服务体系是一个供给系统，该系统由体育监测服务、体育活动服务、体育设施服务、体育组织服务、体育指导服务与体育信息服务等方面构成③。王家宏等在《我国公共体育服务体系：过程结构与功能定位》一文中指出，"公共体育服务需求体系、供给体系、保障体系和评价体系构成了公共体育服务体系的过程结构。公共体育服务体系发挥着创新服务、资源整合与刺激约束等三大功能。同时，我国公共体育服务供给主体间的功能关系为政府公共服务机构承担着目标达成功能，市场组织承担着适应功能，社会性组织承担着整合功能，而相

---

① 广濑一郎.体育的社会表现［J］.体育产业学研究，1999（9）：33.

② 卢元镇，郭云鹏，费琪，等.体育产业的基本理论问题研究［J］.体育学刊，2001（1）：41-44.

③ 王才兴.构建完善的体育公共服务体系［J］.体育科研，2008（2）：1-13.

关的高等院校及科研机构承担着维系模式的功能"①。

三、有关"互联网+体育"的相关研究

随着"互联网+"策略的不断推进与调整，"互联网+体育"的融合已经在业界和学界大范围展开。早在 2015 年，首届"互联网+体育"年会由阿里体育有限公司、万达体育控股有限公司等国内 22 家体育巨头联合召开，这些企业成为致力于探讨互联网和体育产业协同发展的"智慧协同组织"，开辟了中国"互联网+体育"产业融合、创新发展的新局面。而学界的研究也快速扩展，通过中国知网搜索，发现仅 2020 年一年发表在核心期刊上的以"互联网+体育"为主题的文章就有 28 篇，研究内容涵盖体育产业、体育传播、体育信息、休闲健身、体育教学、网络运营等方面。

郑元男在《互联网+体育：未来无限遐想》一书中提到，从内容上讲，"互联网+体育"包含两个层面，一个层面是传统体育行业进行创新，通过融入云计算、大数据、物联网等技术来实现转型升级，另一个层面是新兴产业和新业态的出现与发展成为新的增长点②。商业模式的改变，大数据在体育产业中的广泛应用，IP（知识产权）价值的无限放大都是在"互联网+"时代发生的巨大变革。

左伟等从互联网与体育产业融合发展的视角，在《论"互联网+"体育产业的内涵、特征及呈现方式》一文中指出，"'互联网+'体育产业是以互联网为工具，以提高体育企业生产、服务效率为使命，推动体育企业创新发展，促使互联网与体育企业深度融合，进而带给整个体育

---

① 王家宏，李燕领，陶玉流. 我国公共体育服务体系：过程结构与功能定位［J］. 北京体育大学学报，2014，37（7）：1-7.
② 郑元男. 互联网+体育：未来无限遐想［M］. 杭州：浙江大学出版社，2018：18.

产业发展的一种深刻的变革，可谓是体育产业发展的新思维、新范式"①。王晓军等在《"互联网+体育"关联产业融合发展生态系统构建研究》一文中提到，"'互联网+体育'本质上是对体育及关联产业的发展模式进行的一场深刻变革。""互联网+体育"关联产业将融合发展，传统体育产业系统往往分工明确，"互联网+体育"通过充分利用信息和通信技术的互联网平台，促进关联产业的协同创新，推动体育媒体传播的变革，创造体育产业的个性化服务，打造新的商业发展模式，将形成体育产品资源、赛事资源、受众资源为一体的生态系统②。曾伟志在《"互联网+体育产业"生态域参考模型研究》一文中，从生态学的视角对"互联网+体育产业"进行了生态域构建，指出"'互联网+体育产业'生态域指以互联网、云计算、大数据、物联网、务联网等与现代体育产业相结合，实现体育产品（包括有形体育产品和无形体育服务）生产者、服务商、消费者、政府及其他利益相关者相互作用为基础的广义经济联合体，以经济效益、社会效益、环境效益为驱动，依靠物流系统、信息系统、金融系统、多渠道互动平台等系统，形成互惠共存、多赢共享、可持续发展的生态域"③。

由此，可以看出学者们对"互联网+体育"的研究不只是在具体的体育项目或者体育领域的研究，而是纵观全局，从体育产业的视角通盘、整体思考，追求一种可持续、和谐发展的局面，这也正契合了生态学的考量角度。

当然也有学者从微观的角度对"互联网+体育"进行研判，例

① 左伟，李建英．论"互联网+"体育产业的内涵、特征及呈现方式［J］．山西大学学报（哲学社会科学版），2016，39（5）：140-144.
② 王晓军，王浩，赵红美，等．"互联网+体育"关联产业融合发展生态系统构建研究［J］．山东体育学院学报，2018，34（2）：27-33.
③ 曾伟志．"互联网+体育产业"生态域参考模型研究［J］．南京体育学院学报（社会科学版），2016，30（4）：77-81.

如，体育场馆资源的信息化分类与编码①；体育产业的增值服务影响研究②；体育移动应用的形成、发展和前景③；电视体育赛事报道模式④；"互联网+"对居民体育生活方式的影响⑤；体育制造业供给侧结构性改革⑥；等等。越来越多的学者已经在"互联网+体育"的探究中注意到体育服务在宏观领域和微观领域的研究价值。路泽全在《"互联网+"体育服务行业发展研究》一文中指出，"利用'互联网+'平台发展资源共享、复合经营的商业模式，将体育服务行业与其他相关行业有效地结合起来，充分利用市场资源，合理优化产业配置，提高产业资源利用率，使市场及资源得到合理利用"⑦。目前，"互联网+体育"领域还属于蓝海，该行业需要从用户的需求出发，改造产业链并重构与用户之间的关系，改变传统模式。要想实现 2025 年全国体育产业的总规模达到 5 万亿元的目标，"互联网+体育"服务业就要为解决现有问题贡献力量。

① 罗丽娜，杨思瞳．移动互联网时代背景下体育场馆资源的信息化分类与编码[J]．首都体育学院学报，2015，27（6）：569-571.
② 侯宽．"互联网+"时代下体育产业的增值服务影响研究［J］．中国商论，2015（27）：129-131.
③ 王子朴，药婧瑶．体育移动应用的形成、发展和前景［J］．中国体育科技，2014，50（6）：113-121.
④ 郑越，陈喆．互联网思维下的电视体育赛事报道模式创新［J］．电视研究，2016（1）：26-29.
⑤ 邹月辉，谭利．"互联网+"对居民体育生活方式的影响及其引导路径［J］．山东体育学院学报，2016，32（4）：39-43.
⑥ 梁枢，王益民．"互联网+"视域下体育制造业供给侧改革研究——O2O商业模式的开发与应用［J］．体育与科学，2016，37（4）：36-41，87.
⑦ 路泽全．"互联网+"体育服务行业发展研究［J］．广州体育学院学报，2017，37（5）：36-40.

第一章

基本概念与相关理论

第一节　基本概念

一、"互联网+"的基本概念

对"互联网+"的概念和深层内涵的解读是至关重要的，这关乎研究的理论框架和应用路径。

自 2015 年国务院总理李克强在《政府工作报告》中提出"互联网+"行动计划以来，各个行业和学界对"互联网+"的解读出现了各种各样的版本。

2015 年 7 月，《国务院关于积极推进"互联网+"行动的指导意见》正式发布，提出"互联网+"是把互联网的创新成果与经济社会各领域深度融合，推动技术进步、效率提升和组织变革，提升实体经济创新力和生产力，形成更广泛的以互联网为基础设施和创新要素的经济社会发展新形态"。

曹磊等在《互联网+：跨界与融合》一书中给出定义："互联网+"

就是构建互联网化组织、创造性地使用互联网工具，以推动企业和产业更有效率的商务活动①。同时，他在书中指出，"互联网+"是一种连接状态，"+"号的一边是工具，另一边是应用工具的主体。马化腾等认为，"互联网+"不仅是一种工具，还是具有生态性的要素，它具有协同性、全局性、系统性，同时具有动态性，可以跨界融合，连接一切②。

在对"互联网+"的概念探讨中，也有学者提出"互联网+"远不止是互联网与传统产业的融合，还将给产业、社会，甚至人们的生存状态带来深刻变革，通过某种更有效率的方式对传统产业进行改造升级，甚至是从根源上进行颠覆式创新③。互联网的发展打破了市场上信息不对称的状态，降低了交易成本，减少了交易环节，促进了产业全面升级，并且其作为创新引擎，也激发了人们的互联网思维，不仅给人们带来新视角、新变革，还培育了经济新动力，重构了业态时空。互联网思维是一种开放性思维，这是由互联网互联互通的性质所决定的，它可使不同民族、国家，不同个体、群体等连接到一起，实现信息共享；互联网思维是一种平等的思维，互联网传播手段的使用平等，任何单位、个体都可使用；互联网思维还是一种协同创新思维，因为互联网运行的显著特点是加速更新换代，加速淘汰④。

综合上述概念和认知，"互联网+"应该是以人为本的，旨在促进社会各领域协同发展、深度融合，以创新、变革为手段，以互联网技术和思维方式为依托的新生态。

---

① 曹磊，陈灿，郭勤贵，等. 互联网+：跨界与融合［M］. 北京：机械工业出版社，2015：14.
② 马化腾，等. 互联网+：国家战略行动路线图［M］. 北京：中信出版社，2015：15.
③ 官建文，李黎丹. "互联网+"：重新构造的力量［J］. 现代传播（中国传媒大学学报），2015，37（6）：1-6.
④ 尹汉宁. "互联网+"：到底能够加什么［N］. 人民日报，2015-04-16（23）.

二、生态位的基本概念

"生态位"是从英语 niche 一词翻译过来的，也曾被译作"生态龛"。据不完全统计，生态位概念从提出至今的 100 多年历史中，有 15 种代表性定义，经历了生态位概念的萌芽和形成时期、规范化时期、定量化时期、丰富和完善时期①。生态学中的生态位内涵具有以下特征：①产生于一定的时空背景下，针对特定范围内的生命体；②具备物种生存所需要的所有资源条件，优势物种生活在适当的环境中才能有效地利用资源；③生命体的特殊属性，该属性与物种在群落或生态系统中发挥的功能有关，物种存在或者缺失会对系统造成影响；④既体现有机体和生境条件之间的适宜性关系，又反映同一群落内不同物种之间的竞争或共存关系；⑤生活在同一群落中的种群，在时间、空间、资源利用以及相互作用方面存在互补②③。

目前，生态位概念在除生态学以外的领域也被广泛应用，如政治领域、经济领域、农业领域、工业领域、文化领域、体育领域、管理领域等，促使城市生态位、产业生态位、文化生态位、旅游生态位等一系列专有名词的产生，学者们的研究成果也日渐丰富。

三、体育生态的基本概念

如前文所述，学界对"体育生态"和"生态体育"的相关研究日

---

① 彭文俊，王晓鸣. 生态位概念和内涵的发展及其在生态学中的定位 [J]. 应用生态学报，2016，27（1）：327-334.
② WHITTAKER R H, LEVIN S A, ROOT R B. Niche, habitat, and ecotope [J]. The American naturalist, 1973, 107：321-338.
③ 同①.

渐丰富，研究视角也不尽相同，在很大程度上促进了体育生态学的发展，但是，"体育生态"和"生态体育"的相关定义却寥寥无几。体育是当今社会中的重要文化现象，也是现代社会的沟通手段，与人类的健康发展和社会进步息息相关。游海燕等在《体育生态论》一书中指出，"体育生态"是对作为一类社会文化现象的体育和体育生态系统的现实状况进行的客观描述和评说，是现在时态，重点在现状。"生态体育"指在"体育生态"基础上的"理想状态"和"应达状态"，是对"理想状态"和"应达状态"的体育的描述和展望[①]。谢雪峰等在《体育生态论纲》一书中提到，生态体育指体育、文化和生态环境相互间和谐共处、有机融合所建立起的一系列体育活动的统称[②]，并指出"生态体育"与"生态文明建设"具有紧密的联系。由此可见，"体育生态"与"生态体育"存在现在状态与预期应达之间的区别，"体育生态"的概念定位更侧重以生态观认知体育现状，分析目前体育生态系统的构成和发展规律，注重体育生态环境的构成及其与所处各项环境因素的关系，强调人、体育活动、体育过程的发展规律，以及在现实态势下建设体育生态系统的路径，最终实现"生态体育"的预期。

四、服务经济的基本概念

20世纪80年代以后，服务经济社会的浪潮已经到来。我国学者黄少军对服务经济理论进行了系统研究，他在《服务业与经济增长》一书中提到"服务是一个经济主体受让另一个经济主体的经济要素的使用权并对其使用所获得的运动形态的使用价值"，也就是说，服务是交换对象，服务交换是不同经济主体之间的经济行为，服务交换与使用权

---

① 游海燕，肖进勇，等. 体育生态论 [M]. 成都：四川科学技术出版社，2008：16.
② 谢雪峰，唐宏贵，张江南，等. 体育生态论纲 [M]. 北京：北京体育大学出版社，2011：159.

相联系，任何经济要素在使用过程中所提供的运动形态的使用价值都是服务①。服务具有生产、交换、消费和产权特征，具体来说，服务消费与生产在时间上具有同步和不可分离的特性，服务一般具有无形性和不可感知性，对于劳动密集型的服务行业来说，服务具有较大的差异性和质量的不确定性。

五、体育服务业

体育服务业作为体育产业的核心，在体育产业中所占的比重逐年升高，也成为衡量体育产业结构的重要指标。在体育服务业保持持续增长态势的时候，厘清体育服务业涵盖范围对后续研究的展开有重要的指导作用。

笔者将2017—2019年国家统计局、国家体育总局发布的《全国体育产业总规模和增加值数据公告》进行对比后发现：2017年发布的全国体育产业状况统计表格中并未将体育服务业单独列出，而是按照《体育产业统计分类（2015）》中的大类分项进行统计，如表1所示。由于2018年全国体育产业状况的统计是在2020年1月发布的，故按照《体育产业统计分类（2019）》进行统计，如表2、表3所示，两张表虽然依旧是对11大类进行统计，但是在统计中已经将前9类进行划分，设置体育服务业一栏单独统计。

---

① 李佳川，刘见. 动态过程与价值实现：服务基本范畴辨析［J］. 十堰职业技术学院学报，2013，26（3）：58-61.

表1　2017年全国体育产业状况

体育产业类别名称	总量/亿元		结构/%	
	总产出	增加值	总产出	增加值
体育产业	21 987.7	7 811.4	100.0	100.0
体育管理活动	504.9	262.6	2.3	3.4
体育竞赛表演活动	231.4	91.2	1.1	1.2
体育健身休闲活动	581.3	254.9	2.6	3.3
体育场馆服务	1 338.5	678.2	6.1	8.7
体育中介服务	81.0	24.6	0.4	0.3
体育培训与教育	341.2	266.5	1.6	3.4
体育传媒与信息服务	143.7	57.7	0.7	0.7
其他与体育相关服务	501.6	197.2	2.3	2.5
体育用品及相关产品制造	13 509.2	3 264.6	61.4	41.8
体育用品及相关产品销售、贸易代理与出租	4 295.2	2 615.8	19.5	33.5
体育场地设施建设	459.6	97.8	2.1	1.3

注：若数据分项合计与总值不等，是由于数据修约误差所致。
资料来源：国家统计局《2017年全国体育产业总规模和增加值数据公告》。

表2　2018年全国体育产业状况

体育产业类别名称	总量/亿元		结构/%	
	总产出	增加值	总产出	增加值
体育产业	26 579	10 078	100.0	100.0
体育服务业	12 732	6 530	47.9	64.8
体育管理活动	747	390	2.8	3.9
体育竞赛表演活动	292	103	1.1	1.0
体育健身休闲活动	1 028	477	3.9	4.7
体育场地和设施管理	2 632	855	9.9	8.5
体育经纪与代理、广告与会展、表演与设计服务	317	106	1.2	1.1

续表

体育产业类别名称	总量/亿元		结构/%	
	总产出	增加值	总产出	增加值
体育教育与培训	1 722	1 425	6.5	14.1
体育传媒与信息服务	500	230	1.9	2.3
体育用品及相关产品销售、出租与贸易代理	4 116	2 327	15.5	23.1
其他体育服务	1 377	616	5.2	6.1
体育用品及相关产品制造	13 201	3 399	49.7	33.7
体育场地设施建设	646	150	2.4	1.5

注：若数据分项合计与总值不等，是由于数据修约误差所致。

资料来源：国家统计局《2018年全国体育产业总规模和增加值数据公告》。

表3　2019年全国体育产业状况

体育产业类别名称	总量/亿元		结构/%	
	总产出	增加值	总产出	增加值
体育产业	29 483.4	11 248.1	100.0	100.0
体育服务业	14 929.5	7 615.1	50.6	67.7
体育管理活动	866.1	451.9	2.9	4.0
体育竞赛表演活动	308.5	122.3	1.0	1.1
体育健身休闲活动	1 796.6	831.9	6.1	7.4
体育场地和设施管理	2 748.9	1 012.2	9.3	9.0
体育经纪与代理、广告与会展、表演与设计服务	392.9	117.8	1.3	1.0
体育教育与培训	1 909.4	1 524.9	6.5	13.6
体育传媒与信息服务	705.6	285.1	2.4	2.5
体育用品及相关产品销售、出租与贸易代理	4 501.2	2 562.0	15.3	22.8
其他体育服务	1 700.2	707.0	5.8	6.3
体育用品及相关产品制造	13 614.1	3 421.0	46.2	30.4

体育产业类别名称	总量/亿元		结构/%	
	总产出	增加值	总产出	增加值
体育场地设施建设	939.8	211.9	3.2	1.9

注：若数据分项合计与总值不等，是由于数据修约误差所致。

资料来源：国家统计局《2019 年全国体育产业总规模和增加值数据公告》。

《2018 年全国体育产业总规模和增加值数据公告》的附注指出，体育产业核算采用两级核算分类。第一级分类按照活动特点分为体育用品和相关产品制造业，体育场地设施建筑业和体育服务业三大类。第二级分类在第一级分类的基础上，细化为 178 个国民经济行业小类。

由此，对体育服务业的范围明晰化，体育服务业应该包含以下 9 类：①体育管理活动；②体育竞赛表演活动；③体育健身休闲活动；④体育场地和设施管理；⑤体育经纪与代理、广告与会展、表演与设计服务；⑥体育教育与培训；⑦体育传媒与信息服务；⑧体育用品及相关产品销售、出租与贸易代理；⑨其他体育服务。

第二节　相关理论

一、生态系统理论

1935 年，英国生态学家坦斯利（A. G. Tansley）首次提出了生态系统的概念。他认为，生态系统不仅包括有机复合体，还包括形成环境的整个物理因子复合体，有机体不能与它们的环境分开，而是与它们的环境形成一个自然系统①。在学者们的努力之下，生态系统的研究逐渐完整、丰富，并逐渐突破生态学的范畴。

美国心理学家布朗芬布伦纳（Bronfenbrenner）在《人类发展生态学》中较系统地将生态学知识引入人类行为的研究中，提出了具体的系统模型，即生态系统理论。布朗芬布伦纳认为，人的发展是人与环境系统的复合函数，个人在发展过程中与生态系统发生千丝万缕的联系，个体嵌套于相互影响的一系列环境系统中，同时，这些系统环境对个体的发展产生重要的影响。他将生态系统划分为微系统、中系统、外系统及宏系统，并且引入时间系统，由此构成了生态系统理论模型。

微系统是生态系统的最内层，指介于发展的个人与环境之间的复杂联系。中系统指各微系统之间的联系或相关关系，是由微系统组成的互动关系。外系统是个体并未直接参与的、对个体发展产生间接影响的系统，是微系统的一种延伸。宏系统是个体所处的整个社会环境和文化、亚文化背景，如价值观念、风俗习惯、社会阶层、经济结构、文化模式、教育环境、法规政策等②。

二、生态位理论

生态位理论是生态学重要的基础理论。早在 1917 年，生态学家格里耶（Grinnel）首先应用"生态位"一词来表示对栖息地再划分的空间单位，他指出在整个生态环境中，每个物种都有与其他物种相区别的独特的生态位。1927 年，埃尔顿（Charles Elton）认为生态位表示物种在生物群落中的地位和角色。1957 年，奥德姆（E. P. Odum）把生态位

---

① TANSLEY A G. The use and abuse of vegetational concepts and terms [J]. Ecology, 1935, 16 (3): 284-307.
② 刘杰, 孟会敏. 关于布朗芬布伦纳发展心理学生态系统理论 [J]. 中国健康心理学杂志, 2009, 17 (2): 250-252.

定义为群落中某种生物所占的物理空间、所发挥的功能作用，及其在各种环境梯度的出现范围。1958 年，哈钦森（Hutchinson）从空间和资源利用等方面考虑，提出了比较现代的生态位概念，即生态位是每种生物对环境变量（温度、湿度、营养）的选择范围。因为环境变量是多维的，所以可以将生态位看成是多维空间。在这个生态位外围所限定的区域，任何一点所构成的环境资源状态组合，该物种均可以生存和不断繁殖[1][2]。学者们不断拓展生态位的定义，提出了生态元、潜在生态位、非存在生态位等概念。纵观各种定义，生态位理论的核心内容是"生态位是生物单元在特定生态系统中与环境相互作用的过程中所形成的相对地位与作用"。建立在生态位概念基础上的生态位理论的基本内容有生态位态势理论、生态位宽度理论、生态位扩充理论、生态位重叠和分离理论等。生态位理论和方法不仅能广泛用于自然生态系统，还对社会、经济生态系统具有重要意义[3]。

三、生态位态势理论

谈及生态位态势理论，国内学者一般以朱春全首次提出的生态位态势理论与扩充假说为依据，朱春全指出，"任何生物单元（无论是自然界还是人类社会中）都以一定的状态存在，并对周围环境产生相应的影响，即包含态和势两个方面的属性"[4]。"态"指生物单元本身的基本状态（包含能量、生物量、个体数量、资源占有量、智能水平、经济

---

① 朱春全. 生态位态势理论与扩充假说 [J]. 生态学报，1997（3）：324-332.
② 乔慧捷，胡军华，黄继红. 生态位模型的理论基础、发展方向与挑战 [J]. 中国科学：生命科学，2013，43（11）：915-927.
③ 李雪梅，程小琴. 生态位理论的发展及其在生态学各领域中的应用 [J]. 北京林业大学学报，2007（S2）：294-298.
④ 同①.

发展水平、科技发展水平等)，是生物单元在过去生长发育、学习、社会经济发展与环境相互作用积累的结果，是目前所处的状态；"势"指生物单元对周边环境的影响力和支配力，如能力和物质变换的速率、生产力增长率、经济增长率、占据新环境的能力[1][2]。生态位态势理论具有较好的适用性，很多文化学、经济学、教育学等领域的学者引入生态位态势理论进行深入研究。这也是因为每个个体都是以一定的状态存在于不同的环境中，并且与周围环境产生一定的联系，综合考量生物单元的态和势能够反映其在生态系统中的相对地位和资源的利用能力，为把握和评估个体生态位的发展阶段提供了很好的途径。

四、生态位宽度理论

在自然生态系统里，生物的多样性与物种生态位宽度有关，生态位宽度则指一个物种所能利用的资源的总和[3]。一个物种如果可以利用周边大部分的多样性资源，则具有较宽的生态位；如果实际利用的资源较少或者只占整个资源的小部分，则属于窄生态位[4]。

五、生态位扩充理论

在生态系统中，任何物种都有可能通过扩充其生态位占据更大的生存和发展空间。如果资源充足，生态位重叠并不一定导致竞争，也可能

① 张颖. 基于生态位理论的粤北地区旅游发展策略研究 [J]. 西南师范大学学报（自然科学版），2015, 40 (12): 53-58.
② 石博，田红娜. 基于生态位态势的家电制造业绿色工艺创新路径选择研究 [J]. 管理评论, 2018, 30 (2): 83-93.
③ 余世孝. 物种多维生态位宽度测度 [J]. 生态学报, 1994 (1): 32-39.
④ 许芳，李建华. 企业生态位原理及模型研究 [J]. 中国软科学, 2005 (5): 130-139.

形成不同生态位的隔离重叠，解放被限制的生态资源，从而对生态环境产生更大的影响①②。

---

① 李景春.生态位理论视域中的教育生态系统及其发展 [J].教育科学，2006 (3)：26-29.

② 王章豹，汪立超，李巧林.生态位理论指导下的高校科技创新策略 [J].合肥工业大学学报（社会科学版），2007 (1)：18-23.

第二章

"互联网+体育"的产生和发展

第一节 "互联网+"的产生与发展

互联网被应用于在人们生产生活的方方面面，同时与经济发展密切联系。随着我国互联网技术应用的逐步深入化、广泛化，以互联网技术为基础的创新形态越发受到社会的关注。在此背景下，我国正式提出"互联网+"战略。

2015年3月5日，在第十二届全国人民代表大会第三次会议上，国务院总理李克强在《政府工作报告》中提出，"制定'互联网+'行动计划，推动移动互联网、云计算、大数据、物联网等与现代制造业结合，促进电子商务、工业互联网和互联网金融健康发展，引导互联网企业拓展国际市场。"同时，在2015年的《政府工作报告》中，李克强总理多次提到"互联网"三个字，且指明互联网发展的篇幅比重增加，足见我国政府对"互联网+"的重视。互联网的力量是巨大的，政府期待互联网在国家经济转型阶段起到更关键的促进作用。

"互联网+"战略的诞生，引来了业界和学界的共同关注。国家语言资源监测与研究中心、商务印书馆等单位主办的"汉语盘点2015"

中，"互联网+"被评为 2015 年年度热词①，被《咬文嚼字》杂志排在 2015 年度"十大流行语"的第二位②。笔者在中国知网搜索以"互联网+"为主题词的核心期刊论文，发现共有 2 373 篇，其中 2019 年有 220 篇，2020 年有 2 135 篇，可见各个领域对"互联网+"领域的探索与研究持续火热，并且成果愈加丰富。

一、"互联网+"溯源

中国互联网的发展经历了二十多年的历程，总体可以分为四个阶段③。

第一阶段是在 1997 年之前，为信息时代。在这个阶段中人们主要是为了信息沟通而使用互联网，网站更多是发布信息，属于单向信息传播。

第二阶段是 1997 年至 2006 年，为纯互联网时代，以 1997 年 12 月中国化工网（英文版）上线，成为国内第一家垂直 B2B（Business-to-Business）电子商务网站为标志。这个阶段，网民、网站之间的双向互动模式出现并逐渐成熟，互联网虽然能够被年轻人逐步接受、适应，但没有与传统经济体系发生较大关系。

第三阶段是 2007 年至 2013 年，属于传统企业互联网化时代，也是开始实现全方位互动的阶段。2007 年，国内咨询公司易观国际提出"传统企业互联网化"的概念，各行各业的企业将成为互联网经济重要的参与者和创造者。传统企业开始"试水""转型""互联网化"，越来越多的企业开始与互联网结合并改革。

---

① 谭华．"汉语盘点 2015"揭晓［J］．现代语文（语言研究版），2015（12）：161.
② 路艳霞．《咬文嚼字》公布 2015 年十大流行语"颜值"等入选［N］．北京日报，2015-12-16（1）.
③ 曹磊，陈灿，郭勤贵，等．互联网+：跨界与融合［M］．北京：机械工业出版社，2015：10-13.

第四阶段从 2014 年开始，为"互联网+"时代。2012 年 11 月，易观国际董事长在易观第五届移动互联网博览会上提出"互联网+"的概念：在未来，"互联网+"应该是我们所在行业的产品和服务与未来看到的多屏全网跨平台用户场景结合之后产生的"化学公式"。按照这样的思路找到你所在行业的"互联网+"，是企业需要思考的问题。2013年，马化腾提出"互联网加一个传统行业，意味着什么呢？其实代表了一种能力，或者是一种外在资源和环境，是对这个行业的一种提升"①。2015 年 3 月 5 日，李克强在《政府工作报告》中首次将"互联网+"行动计划提升为国家战略。

二、"互联网+"内涵解析

"互联网+"的内涵十分丰富。可以肯定的是，"互联网+"是运用互联网工具，与国家、城市、行业以及人相结合，运用互联网打破信息不对称的状态，缔造新的行业生态，创造产业的新机遇、新生命。所谓的互联网工具是包括互联网和移动互联网，以及由互联网和移动互联网而产生的诸多新技术、新思维在内的创新工具。

"互联网+"有巨大的能量，它的影响是全方位的，不仅表现在技术、渠道方面，还体现在机制性、体制性上。

"互联网+"的核心在于新一代信息技术的运用，重塑了物联网、云计算、大数据等信息技术的发展，行业、产业之间因为数据生成的实时在线、处理快速等特征，会产生反馈、互动与协调，进而出现大量的融合与创新，倒逼产业、行业互联网化、在线化、数据化。而"互联网+"中的"+"也具有多种形态，应用互联网的主体是"互联网+"的

---

① 林其玲. "互联网+"助力中国经济"弯道超车"［N/OL］. 新京报，2015-03-16 ［2020-10-20］. http：//www. bjnews. com. cn/news/2015/03/16/356532. html.

关键主体，"互联网+"的链接特性会打破时空的秩序，连接一切可以连接的内容，如用户与用户的连接、用户与企业的连接、企业与企业的连接等，这样就会产生各方关系的变化和地位的反转。"传统的价值链中以供给为导向的商业模式正在逐渐走向消亡，以需求为导向的互联网商业模式和价值创造正在出现"①。

在"互联网+"发展的过程中，有几个方面的内涵是必须具有的：①互联网思维；②互联网渠道；③互联网平台；④万物互联。

其中，互联网思维是人们立足于互联网时代思考问题和解决问题的思维方式，以互联网技术为基础，重视、适应、利用互联网为指向，以大数据的收集、分析、处理、解决问题为特点。在互联网快速发展的当下，互联网思维是继续推动"互联网+"高质量发展的重要法则，合乎发展逻辑和发展规律。互联网渠道是互联网交易和沟通的重要实现路径和组成部分。互联网平台则更多地出现在与服务相关联的内容上，互联网平台的使用会促进商家更好地为用户服务。万物互联则是从商业到物、人、事，从时间到空间都可以被连接，进一步促进融合、发展与变革。

三、"互联网+"的发展

如前文所述，"互联网+"的发展动力主要来源于互联网技术的创新与进步、大数据资源的整合以及新信息基础设施的建设水平②。

互联网技术是"互联网+"发展的基础，移动互联网、大数据、云计算、物联网、人工智能等的发展都是以技术创新、技术进步为起点的。大数据资源则是各个行业都已经认可的资源，拥有数据可以影响其

---

① 李亿豪. 互联网+：创新2.0下互联网经济发展新形态 [M]. 北京：中国财富出版社，2015：103.
② 李明伟. "互联网+"发展的动力和关键要素研究 [J]. 技术经济与管理研究，2016（10）：65-69.

至改变整个行业的生态体系，各行业利用大数据可以合理配置资源，精准定位用户，使产品和服务得到精准营销。"互联网+"的快速发展离不开"云、网、端"的有效结合。"云"指云计算、大数据基础设施，它将不同单位的信息数据迁移到互联网上，使其在云端实现共享共连；"网"指"互联网""物联网"领域，通过互联网连接运行特定的程序，达到远程控制或者实现物与物的直接通信；"端"是用户直接接触的个人电脑、移动设备以及以软件形式存在的应用等。"云、网、端"共同构成了"互联网+"的信息基础设施供给。在基础建设完备的前提下，"互联网+"实现连接一切、跨界融合、驱动创新、重塑结构等更加人性化的新生态，在发展中不断变革、开放。

在"互联网+"行动计划的刺激与支持下，各个传统行业开始转型升级，运用互联网技术与传统产业跨界融合，更快地向云端化、大数据化等方向发展，运用"产品+服务+智能+互联"的思路使企业内部、外部同时改革，做到更加尊重人性。

总体而言，互联网的出现可以让世界不同地域的人们轻松实现信息交流和资源共享，在改变了人们交流方式的同时，还改变了人们的生活方式，包括阅读方式、购物方式、学习方式、工作模式等。在信息具有易得性之后，人们可以通过信息的流动获得更多的融合性信息，行业融合、领域交互已经成为新的趋势，学科边缘、行业边界不断模糊化，通过不断交互实现持续创新。网络社会结构不再按照传统意义上的垂直结构形态分层，而是依据人们的兴趣、爱好等进行重组，"互联网+"重塑了人们的活动场所，重构了人们的行为模式。

在"互联网+"的发展过程中，各主体一直在强调互联网技术、互联网思维，以及以此为依托的连接，归根结底，"互联网+"的目标是去中心化。从产业的发展视角来看，个性化、定制化的服务经济时代已经来临，"互联网+"已经逐渐向尊重人性的方向发展，以用户为中心的产业互联网时代已经开启。产业互联网的交易模式由 B2B 转向 O2O（Online-to-Offline），线上与线下高度融合成为未来的发展趋势，人们的生活更加智慧，智慧工业、智慧服务、智慧城市、智慧体育等将充斥在人们的生产与生活周围，开放、协作、共赢、参与、互动是新常态下的价值观。

第二节　"互联网+体育"的发展现状

"互联网+"的影响是全方位的，"互联网+"已渗透到体育赛事运营、体育场馆预订、互动体育、体育娱乐消费等体育产业的各个环节和层面，成为推进体育产业发展的重要平台。"互联网+"帮助体育产业实现资源整合，实现线上与线下共同运营，为企业和消费者提供更加专业的互动和交流平台。因此，"互联网+体育"既促进了传统体育产业与云计算、大数据、物联网等新技术的融合发展，进而转型升级，又促进了新兴体育业态的发展。

一、"互联网+体育"的发展优势

2013 年，在互联网巨头已经开始提出并实行"互联网+"的时候，中国体育产业产值为 1.1 万亿元，增加值为 3 575 亿元，占当年国内生产总值（以下简称 GDP）的 0.63%。而 2013 年，美国体育产业总产值达到 4 400 亿美元，约占美国当年 GDP 的 3%。可见，在 2014 年之前中国的体育产业发展尽管处于持续上升的态势，但是与美国相比，增长速度相对较慢。

2015 年，李克强总理在《政府工作报告》中正式提出"互联网+"，"互联网+体育"随后以迅猛的势头快速发展起来。互联网为体育的发展提供了诸多基础要素，如全球化信息的获取与交流，近乎零成本的信息存储，用户和企业之间互动的信息传播，体育视频、图片等丰富生动的多媒体展现形式，运动数据的搜集与分析，强大的社交聚合能力，这些要素均使用户在体育诸多领域获得技术、信息、购买等方面的支持，因此体育产业的增加值逐年增长。如图 3 所示，通过 2014—2019 年中国体育产业增加值的变化曲线可以看出，在"互联网+"行动实施之后的三年，我国体育产业增加值年均增速达到 24.6%，处在快速发展和上升期。2018 年，体育产业增加值占 GDP 的比重已经超过 1%，这是我国体育产业的进步，对标发达国家 2%～3%的 GDP 占比，我国"互联网+体育"产业的成长空间还是很大的。

在我国体育产业规模不断扩大的同时，体育产业体系也日益健全，基本形成了以竞赛表演、健身休闲为核心，体育场馆服务、体育培训、体育用品制造、体育用品销售、体育传媒与信息服务等共同发展的产业体系。体育产业也在"互联网+"的刺激下，开始与相关产业交叉、融合、渗透，体育旅游、体育养生、体育广告、智慧体育等多种新兴业态也开始被大众熟知和认可，消费市场进一步扩张。

产业结构是反映产业成熟度的重要指标。在体育产业中，体育服务业所占比重的稳步上升和体育用品制造业所占比重下降，使体育产业内部结构显著改善。2014—2019 年，我国体育产业结构变化的趋势如图 4 所示。2014 年，我国体育服务业的增加值为 1 357 亿元，在"互联网+"行动的推动下，2018 年体育服务业的增加值为 6 530 亿元，2019 年已经达到 7 615 亿元，短短几年的时间，这一数值就增加了约 4.6 倍。

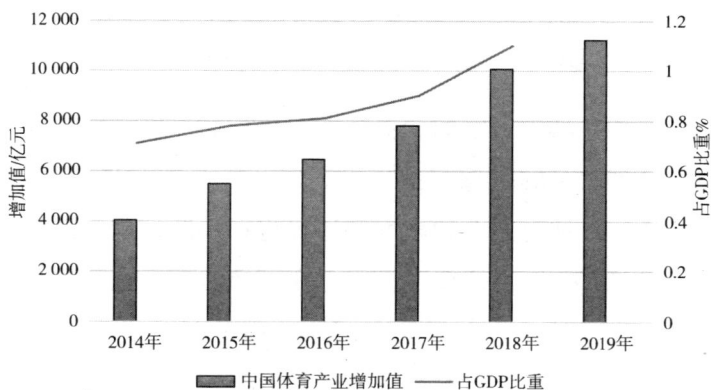

图3 2014—2019年中国体育产业增加值及占GDP比重

（资料来源：2014—2019年国家统计局、国家体育总局公布的全国体育产业总规模和增加值数据）

　　国务院办公厅发布的《关于促进全民健身和体育消费推动体育产业高质量发展的意见》提出，力争到2022年，我国体育服务业增加值占体育产业增加值的比重要达到60%。截至2019年，我国体育服务业的增加值占体育产业增加值的比重已达到67.7%。

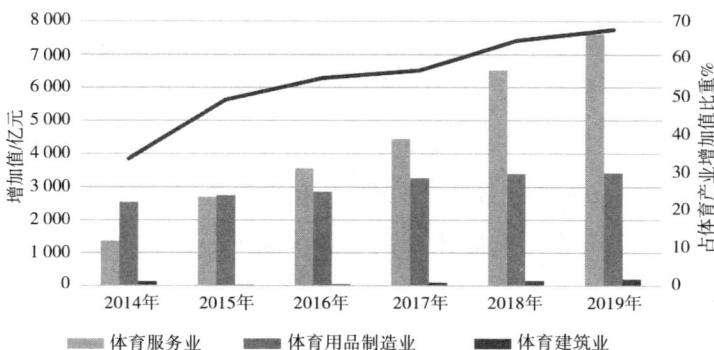

图4 2014—2019年中国体育产业结构变化

（资料来源：2014—2019年国家统计局、国家体育总局公布的全国体育产业总规模和增加值数据）

笔者对比国家统计局发布的《体育产业统计分类（2015）》和《体育产业统计分类（2019）》后发现，体育服务业变更了较多内容，新增了中小类别，其中名字的变更和调整更加彰显体育服务业的规范和细化，在一系列政策的引领和指导下，体育产业进一步发展，新业态、新模式不断涌现，体育产业的内容和边界也在不断拓展。例如，小类划分由 52 个增加到 71 个，体育中介服务变更为体育经纪与代理、广告与会展、表演与设计服务；在"互联网体育服务"中类里增加体育健身和赛事服务平台、体育物联网、体育网络视听、体育网络直播、体育大数据处理等内容；提升并设立了"体育咨询"中类；将体育博物馆服务从"体育会展服务"调整到"体育传媒与信息服务"大类里，并形成新的中类。由此可见，"互联网+"在体育领域中出现多种新业态、新内容，也刺激新政策的制定与改革，"互联网+体育服务"的统计范畴进一步扩大。体育服务业不断向中高端水平迈进，在关注技术和商业模式创新的基础上，更加注重"互联网+"时代线上、线下互动融合的发展态势，整合服务资源，探索更多元化的"互联网+体育服务"的合作模式。体育用品制造业的服务化升级也开始彰显，从单纯提供产品向产品与服务并重发展。

2019 年，国务院办公厅先后印发《体育强国建设纲要》和《关于促进全民健身和体育消费推动体育产业高质量发展的意见》，明确提出"推动体育产业成为国民经济支柱性产业"的战略目标，进一步释放体育消费潜力。只有在巨大的体育消费的推动下，体育产业的规模才会保持高速增长的态势。根据国家发展改革委的数据，2018 年我国体育消费市场规模已近 1 万亿元，另据《全民健身计划（2016—2020 年）》和《进一步促进体育消费的行动计划（2019—2020 年）》，推进体育消费提质扩容，全国体育消费总规模达到 1.5 万亿元，人均体育消费指数占消费总支出的比重上升，体育消费结构更合理。居民的体育消费观念和习惯发生了重大转变,从对量的满足到追求质的提升,从偏重实物型消费到关注服务型消费①。同时,互联网技术催生了新兴的消费内容和消费方式,移动端健身、智能休闲等形态使每个人和每个企业都可成为体育消费的生产者和供给者。

区域体育产业由于良好的经济社会条件和资源优势,通过政策扶持,体育产业贡献值增效明显。以长三角地区的体育产业为例,2015年体育产业总规模为 5 589.66 亿元,增加值为 1 812.93 亿元,2018 年体育产业的总规模达到 8 620 亿元,较 2017 年增长 16.2%,约占 2018年全国体育产业比重的三分之一,增加值为 2 948 亿元。这足以证明区域体育产业成为经济发展的新动能,也成为体育产业发展的重要增长极②。在"互联网+"行动的推动下,政府与市场主体良好互动,积极搭建产业平台,实现产业资源的融合共享,如 2014 年,北京、天津、河北共同推出跨省市的体育产业资源交易平台。

"互联网+"对体育发展的促进是全方位、多角度的,从体育竞赛表演业、健身休闲业到体育场馆服务、体育教育培训等传统体育产业的转型升级,到体育旅游业、体育传媒业等新生业态的迅猛发展,无不彰显出"互联网+"的魅力以及大数据与体育产业相结合的特点。在"互联网+"的背景下,体育产业中的观赏性、参与性以及科技性等特点推动了巨大的消费市场,进一步激发了产业链条的完整性和联动能力,同时也激发了价值潜力。《中国互联网+体育产业报告》显示,2019 年电脑端(PC 端)互联网体育的月均覆盖人数高达 2.7 亿人,单个用户的体育视频月均浏览时长约为 52.8 分钟③。互联网技术进入体育领域,促使体育运动领域涌现出大量的 App,比如运动记录 App、运动教育 App

① 李颖川. 中国体育产业发展报告(2019)[M]. 北京:社会科学文献出版社,2019:6.
② 曹玲娟. 推进体育一体化 2018 年长三角体育产业规模约占全国三成[N/OL]. 人民网,2020 - 01 - 03 [2020 - 10 - 25]. http://sh. people. com. cn/n2/2020/0103/c134768-33688015. html.
③ 蒋金鑫. 网络与数字时代的体育产业分析[J]. 湖北第二师范学院学报,2020,37(7):51-54.

等，这些都起到了服务大众、促进消费的作用。互联网已经成为体育产业生存的主要环节，新媒体平台等体育服务也是体育产业结构中不可或缺的重要组成部分和生力军。与此同时，基于互联网时代的特色，电商平台与体育用品销售完美结合，进一步推动体育消费。技术、平台和设备等依托于网络与数字技术，在线上和线下都形成强有力的发展势头。

总之，"互联网+体育"的发展体现在政策促进、技术引领、平台搭建、思维重构等多方面的突破和创新上。"互联网+"的理念深入体育领域，互联网思维成为体育各个服务主体和体育企业发展的重要导向。在互联网时代，企业发展要以用户为核心，注重用户的体验感和参与度。无论是赛事服务还是体育场馆服务、体育教育培训服务均可以通过互联网平台全部贯通。连接性、数据化、共享化是"互联网+"时代的典型特征，互联网不仅凸显了人的价值，也成为"互联网+体育"发展的技术驱动力，促进体育产业的技术革新并增加用户黏性。

二、"互联网+体育"的发展瓶颈

从宏观角度来看，我国的体育产业虽然在"互联网+"的赋能下得到了快速发展，全国体育产业总规模不断扩大，体育产业结构日趋合理，但是发展不平衡不充分的问题依旧存在。区域体育发展不平衡，如长三角、珠三角地区的体育产业总规模对全国体育产业的贡献率是最大的，而我国中西部地区的体育产业规模相对偏小；城乡体育发展的差距比较明显；体育竞赛表演活动和体育健身休闲活动比重还是偏低。有效供给与有效需求不足，如青少年体育发展滞后、运动项目发展不平衡等。

"互联网+体育"虽然发展快速，但是目前相关的经营管理体系和政策法规依旧存在进一步完善的空间，如线上体育用品的假冒伪劣现象严重，缺乏相应的法律监管，体育赛事视频的侵权问题也缺乏相应法律政策的制约等。

"互联网+"时代带来的转变还体现在产业对人才的需求方面，即以往需要术业有专攻型人才，而现在需要"一专多能"的复合型人才。"互联网+体育"的发展需要能够跟上时代步伐、适应新业态模式的人才，而目前很多互联网人才缺乏体育相关知识储备，不能把体育专业理论与实践很好地结合。能够将"互联网+"技术与体育特点相结合、具有互联网思维模式的复合型人才是未来所需。

从微观角度看，尽管传统的体育企业也开始了转型之路，投入智能化、信息化产品的研发与实践当中，但没能真正达到智能化的技术高度，同类产品聚集，缺乏真正的创新，很难对用户形成持续的黏性。并且，电子竞技已经成为一种流行的体育运动，必然会影响其他体育项目的发展，如何重组生态的问题亟待解决。

第三章

"互联网+体育"生态服务体系
及生态位要素构成

在"互联网+"时代，我国经济进入新常态，体育产业已然成为国民经济发展的支柱产业，其中体育服务业成为改变体育产业结构、扩大体育产业发展规模的核心动力。如图5所示，我国在"互联网+"行动提出后，体育产业的发展规模均保持快速发展的势头，体育服务业在体育产业总规模中的比重也在逐年增加，由35.9%（2016年）上升到50.6%（2019年）。

体育服务业要想转变传统的体育服务管理运营的方式，融合、互通、绿色、可持续则成为体育服务业发展的重要目标，在"互联网+"的时代背景下以生态观重构体育服务体系具有较大的现实意义和价值。体育生态服务体系中各生态位彼此依存、相互作用、良性互动，同时体系内外部能量、物质和信息等实现动态交互，形成集合多主体和多要素的具有高度开放、彼此影响、可持续发展的整体。

体育生态服务体系最基本的逻辑是以"服务用户、满足用户需求"为核心和目的，以产品服务的供给和不同主体之间的互动、融合、共享等为路径，谋求可持续发展的生态系统。总之，体育生态服务体系是一个有目的性、以人为核心、尊重人性，同时需要外部环境等的辅助的生态体系。

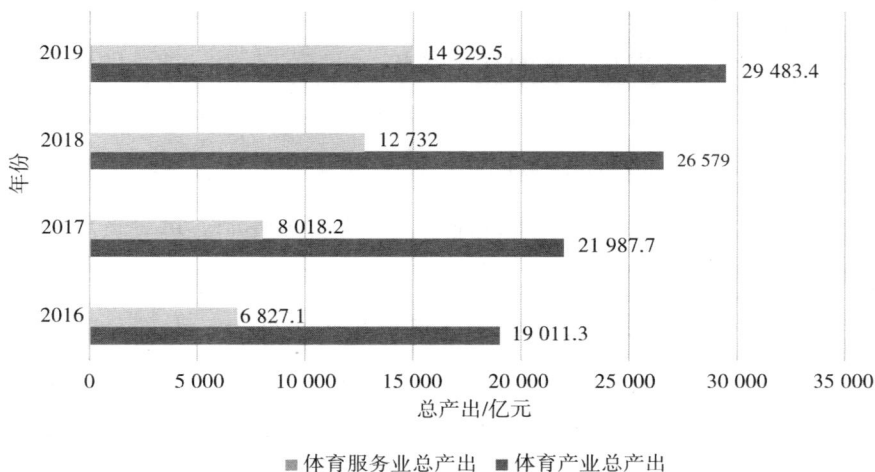

图 5 2016—2019 年我国体育产业总产出与体育服务业总产出

（资料来源：2016—2019 年国家统计局、国家体育总局公布的全国体育产业总规模与增加值数据）

很多学者注意到"互联网+"背景下体育产业生态发生的变化，夏元庆在《融合与创新："互联网+"背景下的体育产业生态趋势》一文中指出，技术模式的连接性与数据化趋势，生产模式的社会化与智能化趋势，商业模式的融合化与共享化趋势，都是体育产业生态发生的重要变化。而要促进体育产业进一步发展，则需要从政策的顶层设计、"互联网+"思维的嵌入、技术进步、体育产业实体、线上平台五个方面入手，实现从战术思维到战略思维的创新、生产模式的创新、资源与要素增量的产业模式创新和"线上线下"互联共享的商业模式的创新[①]。陈淑奇则指出，生态化是在发展的视角下，对体育发展样态的静态呈现与体育发展过程的动态描述，保持体育发展系统的优化平衡和各要素的和

---

① 夏元庆. 融合与创新："互联网+"背景下的体育产业生态趋势 [J]. 南京体育学院学报（社会科学版），2016, 30（3）：68-72.

谐、可持续发展，最终以良性体育的发展样态推动实现人的全面发展和社会发展。体育生态化发展的有效路径：目标的引领—理念的指导—体制机制的保证—生态化发展环境的营造①。王晓军等将视角转向"互联网+体育"关联产业的融合发展，以此构建生态系统，并指出打造全面化信息服务平台、建立增值服务体系、完善政策体制、健全保障体系四个方面是主要的发展策略②。综合学者们研究的关键词来看，技术、"互联网+"思维、资源、政策、环境等成为关注点，大部分学者是从经济和营销的视角对体育产业或体育服务业进行研究的。

　　"互联网+"促进了体育服务业的创新与变革，以用户为核心、以人为中心的思维模式和运营模式，与体育生态观中人与环境和谐共生的理念不谋而合。

　　根据本书第二章所述的生态位宽度、生态位态势等理论，笔者对"互联网+体育"生态服务体系做如下解析。

　　与物种生态位宽度的原理相似，体育生态服务所占的相关资源越多，体育服务生态位越宽；相反，如果一个区域内所提供的资源或可开发的资源越少，表示体育服务生态位越窄，该区域在体育生态服务的竞争中处于弱势。

　　依据生态位态势理论，体育服务业中"态"和"势"相互关联，"态"是"势"的基础，"势"会通过不断积蓄来扩大影响力、支配力等方面，进而促进"态"的转化。体育服务业的"态"指某一特定区域的体育服务业的现状，主要是过去的资源、发展状况、政策支持、市场供需等多维度共同作用的结果；体育服务业的"势"则指某一特定区域体育服务业能达到的影响程度，以及未来的发展趋势。只有兼顾

---

① 陈淑奇. 体育生态化发展的含义阐释与实现路径探析 [J]. 体育文化导刊, 2017 (9)：1-5.
② 王晓军, 王浩, 赵红美, 等. "互联网+体育"关联产业融合发展生态系统构建研究 [J]. 山东体育学院学报, 2018, 34 (2)：27-33.

"态"和"势",将它们有机结合,才能促进区域体育生态服务体系不断地创新、可持续发展,实现生态位的扩充。

生态位重叠与分离理论指出,在特定的系统中,两个或两个以上的生物单元共用同一资源或共同占据同一环境时,就会出现生态位重叠的现象,而这种现象会引发竞争,重叠度越高,竞争越激烈。在资源缺乏或环境容量有限的情况下,竞争会异常激烈,但是在资源较充足的情况下,生态位的重叠不会引发竞争,反而可以促进生态位的扩大。因此,某一特定区域的体育服务生态位也会存在生态位重叠现象,在自然资源、文化资源、技术资源、市场环境、硬件设施等方面会存在共享的可能性,进而产生竞争,互相排斥。竞争会导致两种情况:第一种,强者独占资源、环境,弱者被淘汰;第二种,彼此之间实现生态位分离,实现共存。需要说明的是,通过生态位分离实现共存可能会导致资源和环境不能被充分利用,但这是体育服务生态进化的主要动力,也是区域内体育服务业良性共存的基础。所以,通过生态位重叠和分离理论可知,在体育服务业追求可持续发展的过程中,一方面要科学评估体系内的各种资源和生态位态势,了解用户需求,避免出现体育服务生态位过度重叠的情况;另一方面,不能为了避免竞争而使体育服务业生态位过度分离,需要保证体系内的资源和环境得到充分利用。

如同生态系统一样,体育生态服务体系也有其特定的构成要素。体育生态服务体系是由体育服务主体与体育服务环境构成的统一体,体育服务主体在与体育服务环境相互作用、共同发展的过程中,随时进行物质循环、能量流动和信息交换,并通过生产、消费和分解达到自我调节的目的。也就是说,体育服务主体和体育服务环境是体育生态服务体系的结构要素,同时,两个结构要素相互影响、相互融合、相互促进。

其中,体育服务主体主要指参与体育服务的人、机构、企业和政府。体育服务环境指体育服务所包含的自然环境与社会环境。需要说明的是，在"互联网+"时代，当人的价值进一步被彰显，体育服务主体与体育服务环境之间的明确分界线便被模糊化。人既可以成为体育服务的主体，为社会提供体育服务，又可以成为体育服务环境中占据需求生态位的一员，成为体育服务环境的重要组成部分。同时，人还是连接体育服务主体与体育服务环境两大结构要素，并促成其有效运转的桥梁，人享用服务产品可以不断促进体育服务主体的创新与变革，进而有助于体育服务环境更和谐、高效地运转。

如图6所示，体育生态服务体系中的需求生态位、资源生态位、政策生态位、环境生态位是四个主要生态位，它们之间是动态的耦合式发展关系。生态位可以反映出每个个体在其生存的特定系统中的位置、功能以及相互关系，可以看出资源禀赋状况、发展环境状况、相互之间的竞合状况等。

以特色体育小镇为例，现代化的生活和工作节奏给城市人群带来巨大的精神压力，人们会产生用体育放松身心的需求，国家和地方则会出台相应的利好政策，调动地方优势资源营造特色体育小镇。用户需求一旦得到满足，可视为需求的带动效果显著，则会进一步促进体育服务环境的良性运转。反之，需求未得到满足，则表明资源生态位、环境生态位可能未达到体育服务环境发展的要求。

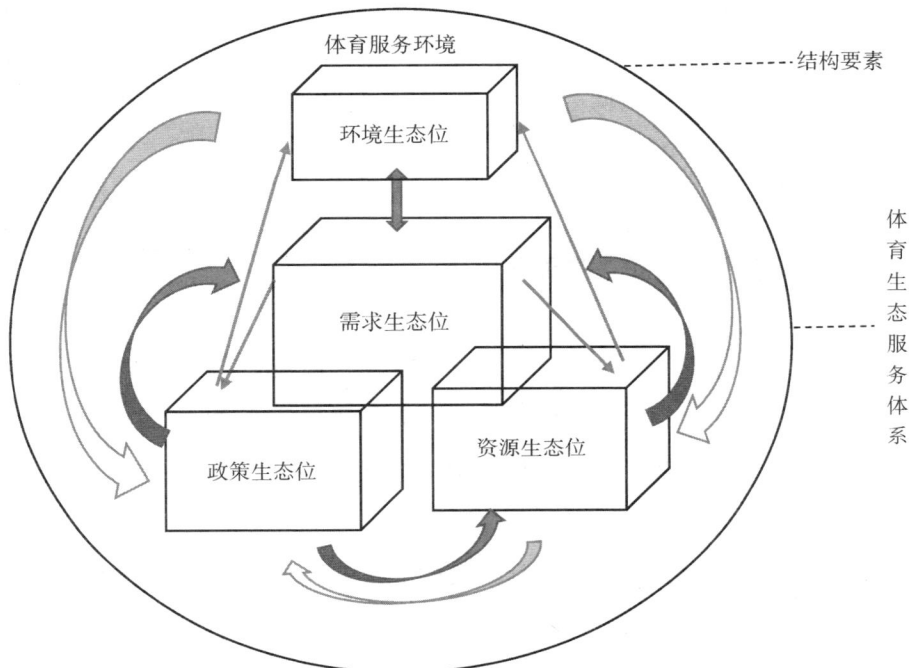

图6 "互联网+体育"生态服务体系模式

第一节 政策生态位:"互联网+体育"
生态服务体系构建的保障要素

体育服务业是体育产业的重要组成部分,是调整产业结构的重要环节。从体育服务业的快速发展状况来看,"互联网+"行动的确立和国家相关政策起到了至关重要的推动、促进作用。体育服务业政策是政府为了实现国家经济发展和体育事业发展,以体育服务业为直接对象,通过对体育服务业的规范、保护、扶持、调整和完善等，积极或消极干预体育服务业的生产、营业、交易活动，以直接或间接促进市场形成的法律规范和行政规范的总称①。在"互联网+体育"生态服务体系中，政策生态位是保障要素。

一、体育服务政策生态位的内涵

首先，体育服务政策不是单一化的政策，而是一个政策体系，目标是加快体育服务业的发展，促进体育服务业的可持续增长。因此，在体育服务政策体系内部存在各种相互交织的经济政策、行政政策和体育政策等。

其次，体育服务政策是体育政策的一部分，在一定时期内制定的以促进体育产业发展、满足国家和大众对体育的需求、充分实现体育功能为目标的各种法规政策，都属于体育服务政策的范畴。

最后，在体育生态服务体系中，体育服务政策占据保障性的生态位，同时与其他生态位形成互动、促进的态势。体育服务政策的制定起源于社会大众的需求、国家和地区的发展需求、社会环境良性运转和资源循环的需求，体育服务政策的执行和推广又会对需求生态位、环境生态位、资源生态位产生重要影响。例如，2014 年国务院印发《关于加快发展体育产业促进体育消费的若干意见》，首次把体育产业放在重要的地位，突出体育产业有推动经济社会的持续发展、开发潜在市场的作用，可以利用体育产业扩大内需、促进消费；2015 年 3 月，李克强总理在《政府工作报告》中提出"互联网+"行动计划；2015 年 5 月，国务院发布《关于大力发展电子商务加快培育经济新动力的意见》，商

---

① 吴香芝．我国体育服务产业政策及发展对策研究［M］．北京：中国社会科学出版社，2018：11.

务部制定发布《"互联网+流通"行动计划》；2015 年 11 月，国务院办公厅提出加快发展体育服务业，促进消费结构升级；2016 年 5 月，国家体育总局发布《体育发展"十三五"规划》，提出 2016—2020 年中国体育产业的具体发展目标、规划和措施等；2016 年 6 月，国务院发布《全民健身计划（2016—2020 年）》，提出体育事业的发展目标为全民健身的教育、经济和社会等功能充分发挥，与各项社会事业互促发展的局面基本形成，体育消费总规模达到 1.5 万亿元。以上政策或规划的颁布，不仅在很大程度上起到了改善整个体育产业生态环境的作用，而且进一步凸显了体育服务政策与需求生态位、资源生态位、环境生态位之间的互动、交融关系，在推动产业的可持续发展方面起到了规范和保障的作用。

二、"互联网+"时代我国体育服务政策的基本内容体系

如图 7 所示，体育服务政策主要是由政策主体、政策目标群体、政策客体和政策环境构成。

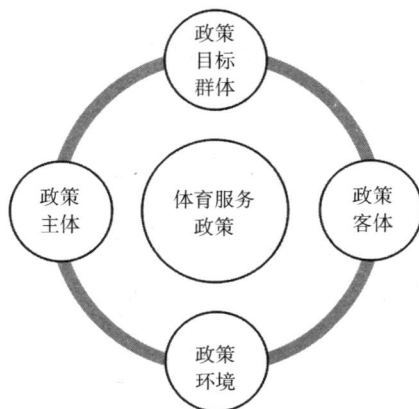

图7 体育服务业政策构成

其中，体育服务政策主体是通过政策制定、实施与评估等阶段对政策问题、政策过程、政策目标群体施加影响的人员或组织，他们也被称为"政策活动者"，包括各种与体育服务业相关的行政部门[①]。

体育服务政策客体指政策发生作用的对象。政策的目的是解决体育服务业发展过程中的各种问题。

体育服务政策目标群体主要是体育服务业的从业者，包含个人和组织。

体育服务政策环境指在政策生成、运行、发生作用的过程中一切条件的总和，包含自然环境、社会经济环境、政治文化环境和国际环境[②]。

三、我国体育服务政策生态位的演进

正如前文所述，我国体育产业经历了次序链式的发展过程，所以长期以来，我国体育服务政策的制定和执行均强调"管理"的思想，以往重视规模和效率、重城市轻农村等做法显然不再适应"互联网+"时代的体育服务业的发展要求。因此，笔者从生态位理论的视角来梳理现有体育服务政策，发现其呈现以下变化。

（一）满足民生需求，凸显"以人为本"

原有体育产业模式是次序链式的，体育服务政策的内容设计、规划和落实均从社会发展的视角出发，具有"社会本位"倾向，用户或者消费者的生态位处于劣势，即窄生态位。进入"互联网+"时代后，原

---

① 吴香芝. 我国体育服务产业政策及发展对策研究 [M]. 北京：中国社会科学出版社，2018：77-78.
② 同①80-81.

有次序链式的体育产业模式被打破，用户需求、社会需求成为核心生态位。政策生态位适时调整，《中华人民共和国体育法》（以下简称《体育法》）、《全民健身计划（2016—2020年）》和《关于加快发展体育产业促进体育消费的若干意见》等政策明确"满足公民不断增长的体育需求""保障公民体育权利"的导向，由注重规模和效率转向"大力促进体育公平"，更好地为社会民生服务，把建设健康中国、全民健身上升为国家战略。目前体育服务政策的生态位状况既符合现有我国体育服务业转型升级的"态"的需要，又符合未来体育服务业发展的趋"势"，目的是使全体人民享受体育乐趣，提升幸福感，做到体育发展依靠人民、为了人民，体育发展成果也由人民共享。

（二）注重"自下而上"的决策供给生态

"互联网+"时代的来临，不仅体现在技术的进步上，还体现在国民生活各方面的变化上。2017年《体育发展"十三五"规划》明确提出"调动社会力量参与体育的政策措施尚不完善"，同时将"充分发挥市场在体育资源配置中的决定性作用和更好地发挥政府作用，积极培育社会力量参与体育发展"作为深化改革的目标之一。"互联网+体育"服务中需求生态位宽度不断加大，无论是个人用户还是企业用户都对体育服务的需求成倍量级增加，同时体育服务业中的资源生态位在"互联网+"技术平台的支持下也逐渐扩充。在体育生态环境中，不同生态位之间既存在竞争也存在互融，当需求生态位和资源生态位不断扩充时，必然会使政策生态位处于窄生态位状态，因此生态适应是必然趋势。政策生态位只有调整生态位宽度，适应当下生态位态势，才能保证体育服务生态环境的完整性和可持续性。因此，政府职能部门开始转而利用社会资源，注重需求生态位，激发社会力量参与体育服务供给的热情，从而逐渐形成政府、社会、市场等多元主体并存、协同发展的态势，建立"互联网+监管"的模式，形成以民需为本的服务生态位。

（三）注重扩充生态环境内的生态位

2006年出台的《体育事业"十一五"规划》便提出"城乡二元分割"对体育协调发展的制约，体育生态环境处于发展不协调的状态。原有体育服务政策体系无法保证城乡各个生态位平衡扩充，造成城市体育服务生态位宽度与乡镇体育服务生态位宽度差距明显。基于此，政策进一步发挥引领和保障的作用，在改革过程中更加注重城乡和区域体育服务资源的整合，扩充区域体育服务的生态位，打通城乡体育服务合作渠道，拓展乡镇体育服务生态位的宽度，实现资源共建共享、各地区共生共赢的态势。《体育发展"十三五"规划》提出了"推动城乡体育均衡发展、区域体育联动发展"的基本理念。

（四）注重扩充法律法规的生态位

在1995年制定的《体育法》中，很多内容已经无法满足目前社会的发展需要，因此2009年8月27日发布的《全国人民代表大会常务委员会关于修改部分法律的决定》中删去了《体育法》第四十七条"用于全国性、国际性体育竞赛的体育器材和用品，必须经国务院体育行政部门指定机构审定"，2016年11月7日公布的《全国人民代表大会常务委员会关于修改〈中华人民共和国对外贸易法〉等十二部法律的决定》中删去了《体育法》第三十二条"国家实行体育竞赛全国纪录审批制度。全国纪录由国务院体育行政部门确认"。虽然很多政策推进和保护了体育产业的发展，但是仍不能完全满足其发展要求。有学者提出，《体育法》中应该增加"体育产业"的相关内容，以推动健身休闲和健康服务产业的发展。确定无疑的是，体育产业的发展确实需要通过立法予以推动和保障，以立法引领改革和创新、推动发展和进步，在《体育法》中明确体育产业发展的指导性原则、政府责任和具体措施，规定推动发展体育服务业的内容等，可以在体育生态服务体系的良性运转及可持续发展中起到重要的保障作用。

四、体育服务政策的目标定位

（一）文化定位

文化定位反映了体育服务政策的核心价值观和目标。在培育体育生态服务体系方面，体育服务政策必须承担历史使命，做出科学的鉴定和准确的预判，形成既适应我国国情、社会发展，又符合社会大众和个体发展的体育服务政策体系。

生态系统指在一定空间内生物和非生物的成分，通过物质循环、能量流动和信息传递而形成的一个生态学功能单位[①]。体育生态系统是一个独立的生态系统，而在体育生态服务体系内部也存在着物质流、能量流和信息流等维持体育服务顺利开展的生态因子。物质流、能量流和信息流三者在体系内部是相互融合、相互协调、相互促进的关系，缺少其中任何一个生态因子，体育生态服务体系都无法正常运转。在体育生态服务体系中，物质流主要包括人、体育器材、体育设施及资金的供给等；能量流主要包括体育人才的凝聚度、活动力和人才的层级，体育人力的含量、培育和使用等有形的能量流，以及体育在社会中的地位，政

---

① 布特.体育文化生态系统研究［M］.北京：科学出版社，2017：38-44.

府对其的认可程度，体育服务在社会中产生的影响等无形的能量流；信息流，也被称为知识流，主要指一切与体育服务相关的技术、理论、方法、政策法规等方面的正常运转和动态变化①。从中可以看出，能量流、物质流是体育服务体系构建中的必要因素，而包含体育政策法规等在内的信息流则是物质流和能量流之间有效沟通的重要保障。同时，在物质流中，无论是人力因素、体育器材生产供给、体育设施扩充还是资金的供给都不能离开有效政策的支撑和保障；在能量流中，如何吸引体育人才，如何提升体育人才的层级，以及如何提升体育在人民心目中的地位，实现全民健身，都需要体育服务政策的制定和有效传达；在信息流中，如何普及体育技术、理论、方法等，如冰雪运动技巧技术的推广宣传，都需要体育服务政策的准确引导。文化定位渗透在体育服务政策体系的各个方面和各个层次，只有把握好文化定位，体育服务政策才可以契合我国"以人为本"的方针。

2019年，国务院办公厅发布《体育强国建设纲要》，提出"坚持以人为本、改革创新、依法治体、协同联动，持续提升体育发展的质量和效益，大力推动全民健身与全民健康深度融合，更好发挥举国体制与市场机制相结合的重要作用，不断满足人民对美好生活的需要，努力将体育建设成为中华民族伟大复兴的标志性事业。"尊重人性、突出人的价值、实现中华民族复兴，成为制定体育服务政策的文化定位。只有坚持以人为本，才会有依靠人力实现的改革创新；只有坚持以人为本，才会有更加符合社会发展规律的法规政策，从而促进体育服务业更好地发展；只有坚持以人为本，才可能实现由人到群体的集合，实现协同联动。体育服务业的发展是为了人民，体育服务业的发展更加需要人民，

---

① 布特.体育文化生态系统研究［M］.北京：科学出版社，2017：38-44.

因此，从人到人形成了一个闭环，在取之于民、用之于民的过程中全面激活物质流、能量流、信息流，形成良性融合的发展态势。

人在体育生态服务体系中处于主体地位，起到维系物质流、能量流和信息流和谐稳定的作用。人本身也是生态系统不可分割的重要组成部分，人、自然界和社会生态是一个整体，体育生态服务体系的发展、变革、更新也遵循生态系统的基本规律。在生态学领域里，研究生态的主要目的是通过系统本身的规律来促进生态系统的平衡发展，体育生态服务体系构建的目的也是促进体育生态系统的发展，因此，从这个角度来看，准确的文化定位无疑成了保证体系正常构建和运转、可持续发展的重要一环。

从宏观的角度讲，体育服务政策的文化定位无外乎两大方面：第一，体育服务业与自然环境的平衡发展；第二，体育服务业与人自身、社会环境的可持续发展。

自然环境是人赖以生存的基础，如何处理、利用和开发自然来促进体育服务业的发展，是制定体育服务政策的主题之一。体育赛事的举办、体育旅游资源的开发、体育教育资源的利用等，很多都已经对自然环境造成了影响，甚至已经严重影响了体育生态的平衡。当下，很多体育服务项目开始回归"绿色""环保"的理念，比如，马术运动、攀岩运动、中国传统体育、瑜伽等，都已经将"人与自然和谐共生"的理念渗入其中。《体育强国建设纲要》指出，"传承中华传统体育文化，加强优秀民族体育、民间体育、民俗体育的保护、推广和创新，推进传统体育项目文化的挖掘和整理""紧密结合美丽宜居乡村、运动休闲特色小镇建设，鼓励创建休闲健身区、功能区和田园景区，探索发展乡村健身休闲产业和建设运动休闲特色乡村"，这些都是在人与自然和谐发展的文化定位基础上制定的体育服务政策。

人自身的可持续发展是体育可持续发展的保证，体育作为强身健体的工具，为人类的健康发展提供了强大的支持，同时，人类作为体育发展的载体，也成为体育服务向前进步的基础。体育和人之间的关系是相辅相成、相互影响的，体育服务业与人之间更是相互作用、互为动力的。体育与人、体育与社会要实现可持续发展，达到生态上的平衡发展，就必须要注意体育服务发展过程中可能存在的体育过度科技化、体育利益化等问题。

在"互联网+"时代，人们可以充分享受科技带来的便利，但是当科技充斥体育服务业的各个领域时，可能会出现过度科技化的问题，人成为科技的实验品，在体育竞技、大众健身等领域引发诸多问题。因此，从人与社会、人自身的发展角度来看，制定体育科技政策应该注意以下四个方面：第一，提升相关政策的可操作性，明确实施细则；第二，有关"科技信息支持"和"科技基础设施建设"[①] 的体育政策要有所增加，发挥政策对体育科技发展的推动作用；第三，发挥市场力量，增强社会力量对体育科技发展的促进作用，更好地促进体育科技市场化、产业化；第四，在学校体育、体育产业、群众体育等领域加大体育科技政策的倾斜力度。

一直以来，体育与政治关系紧密，国家对体育的政治需求主要表现在竞技体育方面，通过国际赛事与他国沟通交流，如我国的"乒乓外交"。随着时代的演进，世界格局不断变化，在互联网和新媒体技术迅猛发展的时代，体育发展应该与政治实现良好互动。我国大力推广中国传统体育中的八段锦、五禽戏、导引养生功、太极拳等健身功法来服务大众，进一步掀起了中华优秀传统文化的传播热潮，很好地传播了中华

---

① 马运超，梁润东，苏荣海，等. 政策工具视角下中国体育科技政策改革：回顾与展望——基于1978—2018年体育科技政策的文本分析 [J]. 天津体育学院学报，2019，34（4）：290-298.

文明和中国体育文化，符合体育服务政策的文化定位。同时，推动全民健身与全民健康深度融合，健全以人民为中心的体育工作体系，倡导"运动是良药"的主动健康观，利用5G、大数据、物联网、AR（增强现实）和VR（虚拟现实）技术推动体育设施智慧化、运动行为数据化，这些都是基于"以人为本"的文化价值观设立的体育服务政策。

在经济新常态下，体育服务业迅速发展，成为我国国民经济的重要产业。在新的发展时期，结合"互联网+"的红利，我国加快社会转型的步伐，制定并出台了很多体育服务政策，为体育服务业的发展营造了良好的市场环境。比如，2014年，国务院印发《关于加快发展体育产业促进体育消费的若干意见》，将全民健身上升为国家战略；2019年，国务院办公厅印发《体育强国建设纲要》，将体育确立为中华民族伟大复兴的标志性事业。

不仅要重视体育服务业中人与社会的和谐融合，还要重视自然环境和社会环境中人自身的可持续发展，毕竟人才是体育发展的根本。因此，从1995年国务院颁布实施《全民健身计划纲要》将全民健身运动与奥运增光计划协同发展，到2009年依法推进全民健身事业，再到2016年中共中央、国务院印发《"健康中国2030"规划纲要》和国务院印发《实施健康中国行动的意见》，可以看出体育服务政策不断凸显人民的价值，重视体育与人民健康之间的关系，突出人在体育生态环境中的重要作用，和谐、协调、可持续和以人为中心成为体育服务政策最关键的文化定位。

（二）战略定位

战略定位具有很强的目的性，主要体现在政策的制定方面。体育服务政策的制定是一个以政府为主的决策过程。在这个过程中，政府应当集思广益，以解决体育问题为目的，从而制定出满足国家经济发展的需求、体育发展的需求和体育服务业发展的需求的政策。体育服务政策的战略定位必然与"国家战略"紧密联系。

薄贵利曾在梳理国家战略发展的基础上对其内涵特征做出解析，即"国家战略是为了维护和增进国家利益、实现国家目标而综合发展、合理配置和有效运用国家力量的总体方略"①。

在体育服务政策体系中，我们可以看到诸多政策都体现了我国发展体育产业或体育服务业的战略定位。《体育强国建设纲要》明确提出我国体育强国建设的战略目标和战略任务，可以说，体育服务政策的战略定位是与时俱进的。

《体育强国建设纲要》提出的战略目标原文如下：

到 2020 年，建立与全面建成小康社会相适应的体育发展新机制，体育领域创新发展取得新成果，全民族身体素养和健康水平持续提高，公共体育服务体系初步建立，竞技体育综合实力进一步增强，体育产业在实现高质量发展上取得新进展。

到 2035 年，形成政府主导有力、社会规范有序、市场充满活力、人民积极参与、社会组织健康发展、公共服务完善、与基本实现现代化相适应的体育发展新格局，体育治理体系和治理能力实现现代化。全民健身更亲民、更便利、更普及，经常参加体育锻炼人数比例达到 45% 以上，人均体育场地面积达到 2.5 平方米，城乡居民达到《国民体质测定标准》合格以上的人数比例超过 92%；青少年体育服务体系更加健全，身体素养显著提升，健康状况明显改善；竞技体育更好、更快、更高、更强，夏季项目与冬季项目、男子项目与女子项目、职业体育与专业体

① 薄贵利.论国家战略的科学内涵［J］.中国行政管理，2015（7）：70-75.

育、"三大球"与基础大项等实现均衡发展，综合实力和国际影响力大幅提升；体育产业更大、更活、更优，成为国民经济支柱性产业；体育文化感召力、影响力、凝聚力不断提高，中华体育精神传承发扬；体育对外和对港澳台交往更活跃、更全面、更协调，成为中国特色大国外交和"一国两制"事业的重要方面。

到2050年，全面建成社会主义现代化体育强国。人民身体素养和健康水平、体育综合实力和国际影响力居于世界前列，体育成为中华民族伟大复兴的标志性事业。

《体育强国建设纲要》提出战略任务：落实全民健身国家战略，助力健康中国建设；提升竞技体育综合实力，增强为国争光能力；加快发展体育产业，培育经济发展新动能；促进体育文化繁荣发展，弘扬中华体育精神；加强对外和对港澳台体育交往，服务中国特色大国外交和"一国两制"事业。

体育服务政策的战略定位属于国家战略，目的是维护和增进国家利益，而且适用于和平时期，对我国体育产业和国民经济的发展起到重要的支持作用。通过综合分析《体育强国建设纲要》中的战略目标和战略任务，可以看出其涵盖范围的全面性，从2020年到2050年，不同阶段有不同的战略目标，体现出我国在国家利益、国家目标、国家力量和国家政策方面的全面要求。同时，可以看出体育服务政策具有长远性和可操作性，其中既包含短期目标，又包含长远目标以及为达到长远目标所进行的任务安排，注重国家体育的可持续发展。

（三）生态定位

体育服务政策的生态定位主要是从生态学的视角对体育服务政策在体育生态环境内外作用的考量。从生态位理论视角来看，体育服务政策生态位处于体育生态服务环境中的保障环节，与资源生态位、需求生态位、环境生态位相互融合、相互作用。

生态位，表示生态系统中每种生物生存所必需的生活环境的最小阈值，包括时间、空间、信息、资源、机遇等维度。体育服务政策生态位至少涵盖以下两个方面：一是体育服务政策在体育生态服务体系中的地位和功能，在一定时间一定区域内，政策的内容与战略方针对其他生态位的影响和它们之间的相互关系；二是在体育生态服务体系中，体育服务政策与其他各生态位的适应程度，是否能对资源生态位、需求生态位、环境生态位的发展产生积极影响，并解决以往存在的问题，规避风险，为体育服务业提供支持与保障。

对体育服务政策进行生态定位，不仅可以清晰地分析体育服务政策对国家发展、区域发展以及个人发展的作用，还可以了解到应该运用何种措施来保障政策的有效制定和有效推广，以及其他生态位对政策产生的影响，如何利用有效资源为政策制定服务，如何了解民众需求和市场环境为政策运行服务。

体育服务政策的制定者是政府职能部门，就目前来说，政策的服务对象是体育服务业的从业者，以企业为主。因此在制定政策前，政府需要对需求生态位进行详尽调查，了解体育服务业从业者的利益诉求，在政策的制定过程中充分考虑如何有效执行。所以，应辅以有效的表达机制，综合利用资源生态位中的技术优势，如网络、大数据等采集和征求从业者的意见，确保在制定和设计政策时保护群体和个人利益，同时征求专家学者的意见，促使体育服务政策的智慧成果资源合理转化。《体育强国建设纲要》进一步明确了政策的保障地位，并且要求除体育行业以外的各个部门和单位建立目标任务分解考核和动态调整机制，"进一步转变政府职能，充分调动社会力量，构建管办分离、内外联动、各司其职、灵活高效的体育发展新模式，实现体育治理体系和治理能力现代化"，不仅凸显了政策的目的性，也梳理政策生态位与其他生态位的关系，重视社会力量即需求生态位的诉求，重视政策制定的合作性，推进体育领域法治和行业作风建设，深化"放管服"改革。

体育服务政策的最终目的是解决体育服务业发展的问题，这不仅关系到体育产业的发展、社会经济的发展，还关系国计民生、国家的国际地位。可执行性是衡量政策合理性的关键标准，政府需要与主要需求方建立合理的生态联系，加强问题的准确性和加强政策的针对性，加大政策支持力度。

体育服务政策的制定和执行还需要考虑体育服务生态体系内部与外部的协调，促进区域协调发展，挖掘资源优势，促进不同区域内受众的体育需求，调动体育消费积极性，这可谓是一盘大棋，需要体育服务政策给予全方位扶持。

《体育强国建设纲要》将体育服务政策的细化作为政策保障措施的重要一环，"制定全民健身、竞技体育、体育产业等领域以及包括'三大球'在内的各运动项目发展规划。全面推进体育标准化建设，重点推进基本公共体育服务建设以及运动水平、赛事活动、教育培训等体育服务领域的规范和标准制修订。进一步完善体育事业和体育产业统计制度。推进体育信息化建设。加强体育基础理论研究，为体育强国建设提供理论支持和决策参考。"可以说，国家非常重视体育服务政策的保障作用，也已经开始从全面的、可持续的生态视角推进政策保障。

五、体育服务政策生态位的顶层设计

（一）基于治理视角的顶层设计

随着改革进入深水区，国家将以不断完善治理体系、提高治理能力作为改革发展的重要目标。体育服务业也掀起了一场改革浪潮，而一切的改革都离不开政策的制定和执行。经济环境、社会环境、文化环境的变化，"互联网+"带来的社会高度自由化和开放性，大众对信息、技术的需求快速增长，都会引发原有体育服务生态环境的变化，供需不平衡、自然生态和社会生态的不均衡发展、人民健康与社会需要的不平衡发展等问题层出不穷，需要完善体育服务治理体系，使其向更加理性化、制度化和规则化的方向迈进，基于治理视角的体育服务政策的顶层设计尤为必要。

体育服务政策体系是体育服务业发展的必要条件，体育服务政策需要适应新的环境、新的时代、新的历史发展阶段。一方面，体育服务政策与国家治理机制、政治体系、法律体系等都密不可分，体现着国家和各级政府治理模式的创新；另一方面，体育服务政策起到价值观引领的作用，引入社会力量有助于促进体育服务环境的发展。体育服务政策与其他生态位强调的是"融合""可持续"，这既体现政府在治理过程中注重协作和整合，又体现国家善治，使体育政策融入人民生活，以人民为核心。

"治理"一词近年来被业界和学界频繁使用，例如在《中共中央关于全面深化改革若干重大问题的决定》中，原有的"社会管理"被"社会治理"替代，明确提出把"推进国家治理体系与治理能力现代化"作为全面深化改革的总目标。习近平总书记在《决胜全面建成小

康社会 夺取新时代中国特色社会主义伟大胜利》中指出，"必须坚持和完善中国特色社会主义制度，不断推进国家治理体系和治理能力现代化，坚决破除一切不合时宜的思想观念和体制机制弊端，突破利益固化的藩篱，吸收人类文明有益成果，构建系统完备、科学规范、运行有效的制度体系"。这显现出两方面的内涵，一是治理有别于管理；二是通过政策说明中国在改革实践中发生的由管理向治理的转变。作为国家全面深化改革的一部分，体育改革同样也需要在体育服务政策中凸显推进体育治理体系与治理能力现代化的核心任务。

体育服务政策的顶层设计中体现治理的视角涉及以下四个方面的挑战。

第一，理顺治理关系。原有的"管理"主体是单一的，主要指国家或者其他国家公共权力机关，而"治理"主体往往是多元的，包括政府、社会组织与市场组织，虽然只有一字之差，但是体现在关系层面的初衷则与原来的管理体系大有不同，在处理体育服务政策制定和执行的过程中，就要注意正确认识体育服务业与国家、市场之间的关系。我国已经开始进行体育服务治理方向的改革，从"放管服"的定位到注重社会力量参与政策的制定和执行，这些都说明体育服务业的治理体系已经出现多元主体参与的良好趋势。例如，改革开放极大地提升了我国的生产力，但单纯依靠政府来协调群众体育的发展，或者满足人民群众日益增长的多元化的体育需求，显然无法达到目标，所以在体育服务政策体系中，亟须借助社会组织和市场组织的力量共同解决体育服务业在发展中出现的供需不平衡的生态问题。

第二，创设网络型治理结构。治理理论的核心思想之一是强调不同治理主体间的关系应是基于合作、协商与伙伴的网络型结构，不是基于专制、管理与等级的垂直型结构①。我国原有的体育管理结构即自上而下地传达相关政策和要求到基层的垂直型结构，这显然无法适应我国目前的体育产业环境。随着我国经济体制改革与社会体制改革的推进，体育市场组织与社会组织的规模日益扩大，它们不仅参与体育发展、分享体育资源，还会产生各种体育服务需求，垂直型结构的自上而下式的政策供给显然不能满足快速发展的体育服务需求。这种治理结构在这种前提下应运而生，这种治理结构并非"无中心"，而是在强调政府中心地位的基础上实现"多元化"治理，从"全能政府"向"有限政府"转变。

第三，构建协同治理机制。多元主体参与的体育服务不仅要在规则下进行，还应该形成有序的机制。2018年，党的十九届三中全会通过了《中共中央关于深化党和国家机构改革的决定》，强调"加强相关机构配合联动，避免政出多门、责任不明、推诿扯皮，下决心破除制约改革发展的体制机制弊端，使党和国家机构设置更加科学、职能更加优化、权责更加协同、监督监管更加有力、运行更加高效。"针对这一治理政策，国家体育总局充分认识到我国体育发展领导体制和管理模式与经济社会发展、国际体育竞争不适应，与发展以人民为中心的体育目标不适应，与建设体育强国的要求不适应，因此进行了聚焦体制机制的改革、"放管服"的改革、单项体育协会脱钩等方面的改革。例如，在改革之前，国家体育总局、中华全国体育总会等职能部门有很多任务存在交叉，经过改革，明确国家体育总局的领导规划、组织协调、监督管理的作用，中华全国体育总会主要负责全国群众性体育的社会组织事务，中国奥委会主要负责推动奥林匹克运动的发展，全国单项体育协会主要负责管理运动项目普及与提高工作。这样的改革不仅从顶层设计上对我

---

① 人民论坛．大国治理：国家治理体系和治理能力现代化 [M]．北京：中国经济出版社，2014：12，94.

国体育治理体系进行了统筹规划，对各个主体的责任做了界定，同时也对各个主体的工作方式和机制做出了方向性指导，进一步促进了体育生态服务体系的合理构建。《关于加快发展体育产业促进体育消费的若干意见》《中国足球改革发展总体方案》等政策的颁布都是打破部门壁垒、主动构建协同机制的体现。当然，随着改革的不断深入，在协同治理的政策体现上还会反映出更多的问题，也会出现更多解决问题的方法。

第四，"法治"型治理方式取代"人治"型管理方式。党的十九大强调，全面依法治国是国家治理的一场深刻革命，必须坚持厉行法治，推进科学立法、严格执法、公正司法、全民守法。体育产业在大环境变革的前提下必然经历从"人治"到"法治"的变革。《体育法》的诞生对体育法治化建设起到了较大的促进作用，并且《体育法》的修订和相应的体育法律法规的出台是体现体育服务政策治理视角的关键之一。

（二）基于法治建设的顶层设计

如前文所述，体育服务政策的顶层设计中，治理视角是目前政体改革的中心，而其中体育的法治化转型既属于治理层面的设计，又属于法律层面的顶层设计。体育服务政策的顶层设计不仅要体现出法律的强制力和约束力，还要从体育治理和政策服务的视角对相关参与人的行为和行为结果加以制衡。

基于法治建设的视角，体育服务政策既要完善体育法律法规的整体配备，又要完善体育法律法规的整体内容，健全体育法律法规体系。政府要提升体育法律法规的时效性，根据具体时间和地域及时准确地颁布相关体育法律法规，使其起到监督、引领体育改革的作用，并且根据目前体育内、外环境的变化，使体育法律法规与国际接轨。政府还要增强体育法律法规的执行力，明确其强制性，以及对违法行为的处罚措施。

（三）基于体育生态的顶层设计

体育服务政策生态位在体育生态环境中有着支撑、保障和协调的作用，不仅关乎整个体育生态环境的良性运转，与外部环境之间实现资源置换、资源共享等，也关乎如何处理体育服务与其他生态位之间的融合、和谐发展。在制定和执行体育服务政策的过程中必须要设定能反映体育生态思维的顶层设计。

我国始终以服务人民、增强人民体质、提高全民族身体素质和生活质量，以及促进体育消费适应国家经济的快速发展为体育发展的根本宗旨，人民是体育强国的核心力量，是体育生态的基本要素。在《体育强国建设纲要》中将"落实全民健身国家战略，助力健康中国建设"设置为战略任务的第一条，可见我国对全民健身的重视程度，更加彰显了政策中的生态思维。

以全民健身服务体系的建设带动服务资源"区域、城乡、行业和人群间的均等化"[①]，使资源生态位在体育服务生态环境中实现合理扩充，实现成果共享。全民健身可以带动体育消费，释放居民消费潜力，是体育产业发展的原动力。全民健身在维持区域稳定、促进国际交流、弘扬社会主义核心价值观、促进教育文化建设等方面具有重要的价值。"加强城市绿道、健身步道、自行车道、全民健身中心、体育健身公园、社区文体广场以及足球、冰雪运动等场地设施建设"[②]，这无疑会促进体育消费需求，而需求生态位的扩充会促进资源生态位的开发，以及形成与自然环境、社会环境的良性循环生态态势。"推进全民健身智

---

① 国务院办公厅. 国务院办公厅关于印发体育强国建设纲要的通知 [EB/OL]. (2019-09-02) [2020-11-20]. http://www.gov.cn/zhengce/content/2019-09/02/content_ 5426485.htm.
② 同①.

慧化发展。运用物联网、云计算等新信息技术，促进体育场馆活动预订、赛事信息发布、经营服务统计等整合应用"①，"互联网+"时代给体育服务环境带来新变化，因此从体育生态的角度对不同时空的体育服务业制定有效的、关联性强的政策尤为必要。

从目前我国体育服务的相关政策中，我们能清楚地看到关于体育生态思维的顶层设计：统筹政府、社会、市民三大生态因子，创新全民健身的协同联动机制，立足民生需求，开发相关资源，实现资源生态位扩充并形成良好的生态，解决产业发展需求，最终实现绿色发展、共享发展。"全民健身"国家战略是体育服务政策中体现国家治理方略的一环，将重要的战略方针以不同的政策形式进行推广，体现体育服务政策生态位的发展趋势，在《健康中国建设规划（2016—2020 年）》中，"全民健身"作为重要内容出现，《"健康中国 2030"规划纲要》中进一步提出"完善全民健身公共服务体系"的建设目标，《健康中国行动（2019—2030 年）》再一次指出"全民健身"行动是健康中国行动的重要行动之一。"全民健身"在满足人民需求的基础上，不仅能够起到加快推动体育产业转型升级的作用，还对经济提质增效起到重要作用。将"全民健身"定位于国家战略，以此促进与健身相关的行业发展，盘活体育市场，激活体育生态服务体系的政策生态位、需求生态位、资源生态位，使三者互动、融合、协调和发展。运用新时代的技术资源、信息资源等达到为全民健身服务的目的，体现了政策服务的先进性。

---

① 国务院办公厅. 国务院办公厅关于印发体育强国建设纲要的通知［EB/OL］.（2019-09-02）［2020-11-20］. http：//www. gov. cn/zhengce/content/2019-09/02/content_ 5426485. htm.

第二节　资源生态位："互联网+体育"
生态服务体系构建的基础要素

资源生态位是人类社会发展过程中必不可少的生态位。在"互联网+"行动的引导和更多体育服务政策的扶持下，体育服务业迅猛发展。而在体育服务业发展过程中的各种矛盾和问题也开始浮出水面，其中体育资源的供给与合理配置成为体育服务业持续向好发展的主要掣肘。

当前，国家战略的实施与推进要依靠体育资源，大众的体育需求与体育消费需要体育资源，体育环境的可持续发展需要体育资源，从生态位理论视角来看，体育资源已经成为"互联网+体育"生态服务体系中的基础要素。然而，资源生态位的宽度目前还无法满足体育服务业发展的整体需要，因此，需要实现体育资源生态位的合理扩充，使其具备可持续发展态势。

关于资源的概念和内涵的问题，历史上有过很多学者给出定义和解释，从仅局限于自然资源的传统观念到涵盖自然资源、社会资源、经济资源的现代认知，再到在原有认知基础上增加知识资源的扩展分类，目前依旧无法形成统一认识。

学者们多依据学科的不同需要对相应的资源范畴进行确定。例如，罗辉道等从企业管理的视角定义资源，他指出从资源本身出发可以把资源分为无形资产、有形资产和能力，从资源与能力的关系出发可以把资

源分为一般资源与战略资源[①]。罗友花等则基于批判的视角提出资源的
"三三制"模型，指出资源的概念与分类必须考虑资源的表象性、资源
的功效性和资源的约束性三大标准，这三大标准必须共同作用，只有这
样才能正确地分析和判断资源的价值[②]。李维华等则在全面资源论的基
础上提出，资源就是主体用以实现其特定目的的凭借，且必须具备两个
特征：第一，资源是依附于或相对于一定主体而言，没有脱离主体存在
的资源；第二，资源可被其所依附的主体用于实现一定的目的[③]。综合
学者们的观点，本书认为资源的范畴应该属于大资源观的范畴，从所在
的生态环境入手综合考量资源的定义。首先，资源应该具备功效性，且
可能具备双向功效，即利用或开发得当则发挥优势效用，反之则起到阻
碍作用；其次，资源的功效应该在一定的区域内对一定的主体起作用，
否则会失去价值和意义；最后，资源有两种表现形式，即有形资源和无
形资源，其中有形资源主要指支撑生态环境物质循环、能量流动和信息
交换的设备、原材料、能源、资金、劳动力等"硬件"，无形资源主要
指一些无法看见、摸到的"软件"资源，如知识、技能、文化、关系
等。对于体育资源，学者们的定义基本一致，即人们从事体育生产或体
育消费活动所利用或可资利用的各种条件和要素，即一个社会用于体育
产品和服务的各种条件和要素的总和[④]。

　　我国目前正处于体育改革的过程中，体育资源成为改革推进的前提
和基础条件。体育强国建设离不开体育资源的开发和利用，全民健身国
家战略的施行和推进离不开体育资源的有效供给，"互联网+"与体育
的结合更加离不开新生资源的支持和赋能，因此，体育生态服务体系的

---

① 罗辉道，项保华. 资源概念与分类研究 [J]. 科研管理，2005 (4)：99-104，57.
② 罗友花，李明生. 资源概念与分类研究——兼与罗辉道、项保华先生商榷 [J]. 科研管理，2010，31 (1)：26-32.
③ 李维华，韩红梅. 资源观的演化及全面资源论下的资源定义 [J]. 管理科学文摘，2003 (2)：10-14.
④ 王家宏. 我国体育资源配置市场化改革中政府职能作用的实现路径 [J]. 体育学研究，2018，1 (3)：5-14.

构建最重要的一部分即体育资源生态位。在体育生态服务体系中，资源生态位与需求生态位之间的关系恰好印证了资源供需之间的矛盾关系。从生态学的角度来看，目前体育服务市场的发展已经刺激了大众的体育需求不断增长，实现了需求生态位的扩张，但是资源生态位无法很好地适应需求生态位扩张的态势，由此造成了体育服务生态体系内部的生态位配置不合理，体育服务业无法实现长期良性运转。《中国体育产业发展报告（2019）》提出了体育产业发展中存在的五大问题：产业发展不平衡与不充分并存；有效供给不足与有效需求不旺并存；企业规模不大与盈利能力不强并存；产业人才总量不足与质量不高并存；产业政策不完善与落实难并存。比如，面对大众不断增长的竞技观赏需要，虽然产业总量在逐渐扩大、办赛数量也在不断增加，但是依旧存在竞赛表演产业整体规模偏小，除足球、篮球、排球以外的其他赛事市场关注度不高的问题，以及区域发展不平衡（多集中于北京、上海、广州等竞赛表演业发达的城市）、赛事转播权单一和产权保护缺失等问题。

依据前文对资源的定义，综合生态学的理论和体育生态学的观点，结合体育服务业发展的本质特征，本书对体育服务资源进行如下梳理：体育服务资源是能够对一定时空范围内的体育服务主体发挥功效的、具备可持续发展态势的、具有动态能力属性的、有形因素和无形因素的组合。由此，确定在体育生态服务体系中的体育服务资源分为体育人力资源、体育资金资源、场地设备资源、体育信息资源、知识技术资源、体育组织资源、体育历史文化资源和体育自然资源。在体育生态服务体系中，如果占用的可利用、可发展的体育服务资源种类丰富且数量较大，则体育服务资源生态位宽；如果占用的资源种类多，但是每种资源的数量较少，其生态位也较宽；如果占用的资源种类较少，但是每种资源的数量较多，则生态位较窄；如果占用的资源种类较少，数量也较少，则生态位窄。在体育服务资源生态位的若干生态因子中，每种资源的生态

76

均有所不同。

一、人力资源

"人力资源"一词起源于管理学领域，随后在经济学、社会学领域等被广泛应用。人力资源是人类社会、经济社会的首要资源，是一个国家、地区、产业竞争力的源泉，也是首要开发的资源，更是国与国之间竞相吸纳和争夺的战略性资源。目前，我国已经设定建设体育强国的战略目标，体育服务业也已经进入全面、协调、可持续发展的关键期，在体育生态服务体系的构建中需要大量的人才去解决体育服务业各个层面的困难和问题；国家体育体制改革的过程中，更多的是依靠社会力量，职能调整、人员优化必然促进人力资源的调整与再开发；"互联网+体育"服务的战略视角下，建设体育强国不仅需要掌握技术的体育人才，还需要懂体育、了解体育运营的人才，因此人力资源成为体育服务资源生态位的核心、关键因素。

所谓人力资源，指那些体能、技能、智能健全，能够以各种有益于社会的脑力劳动和体力劳动创造财富，从而推动经济社会发展的人，包括数量、质量和结构三方面的属性[1]。体育人力资源作为体育产品和服务生产、销售的主体，在体育服务业的发展中非常关键，可以说体育服务业就是依靠人的产业，但是，现阶段我国体育服务业的人力资源储备与建设体育强国的战略目标还存在较大差距。

《中国体育产业发展报告（2019）》指出，"当前，体育人才匮乏已经成为制约体育产业健康发展的瓶颈，突出表现为体育产业人才培育的数量、结构等与快速发展的体育产业需求不匹配"[2]。国家统计局发

---

[1] 张振华. 对人力资源概念内涵与外延的界定 [J]. 阴山学刊，2004（6）：75-78.
[2] 李颖川. 中国体育产业发展报告（2019）[M]. 北京：社会科学文献出版社，2019：23.

布的《2018年全国体育产业总规模和增加值数据公告》显示，2018年年末，体育服务业领域从业人员120.1万人，体育健身休闲活动领域从业人员38.0万人，体育管理活动领域从业人员24.1万人，体育用品及相关产品销售、出租与贸易代理领域从业人员54.5万人，尽管从业人口数量表现出了较好的增长态势，但是就当前体育产业的发展速度和水平而言，依旧存在较大的缺口。"按照现在人才规划，体育产业人才的缺口为160万人"[①]，根据我国体育产业"十三五"规划的目标，我国体育产业从业人口在2020年就要达到600万，而2016年，我国体育产业从业人口为440余万人，2018年为443.9万人。可见，体育产业的人才储备目前还无法满足自身快速、健康、高质量发展的需求。人才困境主要体现在精通体育知识的专业型人才短缺，特别是新兴体育服务领域的管理型人才、技术型人才、研究型人才短缺。人力资源生态位的窄化会导致体育服务产业内部设施重复建设、缺少规划等问题，进而会造成资源的流失与浪费，影响到资源生态位的发展态势，从而对整个体育服务业造成影响。

体育服务业的现代化发展依托于技术的进步和社会环境的改变，同时对人才技能的要求也在不断提升，既需要具备体育和体育服务的专业知识，掌握体育运营规律的人才，又需要能将多种技能、知识融合使用的全方位人才。比如，体育服务业已经显示出跨界融合的态势，传统体育的管理模式和从业人员已经不能适应现在行业的发展要求，这就要求体育服务人力资源不仅需要通晓体育专业知识，还需要关注政治事件、商业发展等多方面的话题，了解旅游、教育、金融等体育相关领域的情况，具备经济、法律、管理等多方面的知识。而从目前的情况来看，很多体育服务业被融合的产业或行业渗入，体育服务业以外的人员也随即

---

① 王雪莉，付群，郑成雯. 中国体育产业高质量发展的现实挑战与路径探索［J］. 北京体育大学学报，2020，43（1）：1-15.

进入体育服务业，但是这类人员对体育领域的知识储备量不足，很难对体育服务业的发展起到重要的作用。从人力资源生态位的种类来看，我国体育服务业的发展需要多种类型的人才，如职业经理人、冰雪产业管理和经营人才、户外运动休闲管理和经营人才、将体育与相关产业融合创新的人才、软件硬件开发与运营人才、体育特色小镇管理和经营人才、创新 IP 设计和运营人才等。而对人才的庞大需求数量也是亟须解决的问题。

要想改善人力资源生态位较窄的状况，除了在市场环境中寻找人才，还需要培养人才，而普通高校和体育院校就起到了人才培养的重要作用，承载培养高质量、全能型人才的基础性建设工程。然而，高校目前培养的人才更多偏重理论，缺乏实践经验，不能立即满足市场需求，这就倒逼高校和相关职能部门制定相应的措施，更好地适应市场需求，寻求适合体育服务业可持续、高质量发展需求的生态位的"态"和"势"，达到生态位扩充的目的。

二、资金资源

体育资金是有效开展各项体育活动的重要基础，是有序进行各种体育服务的保障，没有足够的资金支持，就无法投入充足的人力资源、物力资源等。

很多学者都是从公共体育发展的角度对体育财政进行研究。王家宏等提出，"公共体育服务财政是政府为满足社会公共体育服务需要，以政府为主体对一部分社会产品进行的集中性分配，属于公共财政的重要组成部分，也是公共体育服务体系的重要组成部分"[①]。从上述定义可

---

① 王家宏，等.我国公共体育服务体系研究［M］.苏州：苏州大学出版社，2016：150.

以看出，公共体育服务财政是包含资金在内的"部分社会产品"，而且，公共体育服务财政分配的主体是政府，分配目的是满足社会公共体育服务的需求。穆瑞杰在论述公共体育服务财政保障体系建设的时候，则将体育服务财政等同于体育服务经费，并将我国公共体育服务经费的主要来源总结为"政府投入、体育彩票和社会集资"[①]。可见，公共体育服务经费来源的探讨已经随着社会环境、市场环境的变革出现了新的趋势，经费来源已经由以政府为主进行集中分配的"完全由国家财政拨款"向以国家拨款为主、社会集资为辅的"结合型"方向发展，社会集资形式的出现使体育服务经费的来源多元化。同时，学者们对公共体育服务财政的理解也有较大差异，为了避免误读，本部分的论述采用"资金资源"的概念。

资金资源是体育服务业发展的重要条件，不仅满足体育服务业的发展需求，而且对实现扩大资源生态位的宽度和态势作用重大。

朱焱等在《新时期我国公共体育资源综合配置水平评价指标体系构建》中提到，"公共体育财力资源指在我国群众体育事业开展过程中用以建设、维护群众体育场地、设施，组织群众体育竞赛，开展群众体育活动，建设群众体育组织所需要的各项经费资源的总称"，并且在公共体育财力资源这个一级指标下，设立群众体育政府财政拨款、群众体育彩票公益基金和群众体育社会赞助集资三个二级指标[②]。由于本书讨论的体育生态服务并非局限于政府主导的公共体育服务，而是基于大生态观视角的体育服务产业，因此，仅从以上三个指标衡量和评价体育资金资源是将其窄化处理了，而基于"互联网+体育"的发展变化，银行、信托、基金、保险等金融机构开始融入体育产业，因此，传统的体

① 穆瑞杰. 我国公共体育服务体系的多元化建设与实证研究［M］. 北京：中国商业出版社，2017：151-155.
② 朱焱，于文谦. 新时期我国公共体育资源综合配置水平评价指标体系构建［J］. 武汉体育学院学报，2020，54（3）：5-12.

育服务财力资源划分指标已经无法满足目前的情况。本书将根据目前市场现状主要从政府财政拨款、体育互联网金融、体育税收三个方面进行解读。

（一）政府财政拨款

笔者分析《2019年中央一般公共预算支出预算表》后发现，2019年中央一般公共预算支出为113 134.3亿元，其中文化旅游体育与传媒支出预算为309.54亿元，体育占42.15亿元，比2018年执行数增加13.44亿元，增长46.8%，主要用于备战东京奥运会和北京冬奥会等，其中主要是体育训练项目的增资和对体育场馆建设、维护的增资。国家体育总局公布的2019年收支总表显示，当年国家体育总局收入总预算为94.25亿元，支出预算为93.46亿元，其中体育训练和体育场馆依旧是主要支出项。截至2015年，相关学者整理的数据显示，在被调查的150座体育馆中，中央政府拨款或地方政府拨款的占比大约为67%[①]，运动项目管理、体育交流与合作、体育竞赛也占有主要的支出比例。政府财政拨款主要用于国家体育重点项目支出，而盘活体育资本资源，使其发挥社会服务的功能，还需要从市场和社会入手。另外，随着体育服务业市场化改革的深化，政府财政资金量的投入被弱化，虽然一些省市设立了体育产业发展引导资金，但是目前依旧处于初始阶段，因此体育服务业的发展仍面临巨大的资金缺口。

（二）体育互联网金融

"互联网金融指通过互联网技术为客户提供资金融通、管理、支付

---

① 金银哲，李柏，夏晚莹. 新时代体育场馆困境及发展路径研究［J］. 沈阳体育学院学报，2019，38（6）：55-61.

等的金融服务"①。体育与金融具有极强的融合性,体育服务业的发展需要金融业的支持,同时将金融切入运动场景也能够更好地实现双赢。体育金融是体育与金融良性互动的成果,并且具有很强的生态位"势"头。体育和金融的目的都是为人服务,而体育服务与金融的出发点同样是利用不同的资源优势提供更人性化的服务。基于互联网平台和技术的支持,互联网金融能够为客户或用户提供更丰富的体验,使其拥有多方面的选择,同时,在大数据的支持下,互联网金融发挥更大的信息技术优势,更好地配置各类资源,针对客户信息进行个性化服务。体育服务业的良好发展前景,可以为金融投资带来可观的收益,而体育服务业的影响力、参与度、发展潜力也可以帮助互联网金融提高自身知名度、品牌竞争力、品牌价值。

在体育服务业中,很多互联网金融借助互联网、云计算、大数据、区块链等信息技术,以体育赛事服务为切入口,如赞助赛事。2017年7月国家出台《支持社会力量举办马拉松、自行车等大型群众性体育赛事行动方案(2017年)》,指出"在风险可控、商业可持续的前提下,鼓励赛事举办机构与金融机构合作,提供更多契合大型群众性体育赛事特点的金融产品和服务,不断提高金融服务的针对性和质效"。在政府政策的支持下,体育赛事服务与互联网金融资本的业态融合趋势更加明显,且取得很好的效果。另外,互联网金融还对体育设施、场馆、园区等建设和运营服务提供大量的资本扶持,目前一些针对中小型赛事招商工作的体育资产交易平台已经开始运作。具体的体育互联网金融形式为体育彩票、基金、保险等。在大型体育赛事期间,我国体育彩票销售额的提升更显著;体育基金目前主要以体育赛事为中心,围绕体育赛事服务、赛事运营、赛事衍生品三大维度进行全产业链投资;在体育保险方

---

① 周小翔.试析互联网金融支持体育产业发展的策略[J].现代商业,2020(24):80-82.

面，面向体育赛事组织者、体育设施与产品供给方的赛事险与责任险以及面向运动员、观众、志愿者的多种体育保险开始涌现，并且具有很大的发展空间。

随着互联网金融的发展，中国体育运动项目开始与互联网金融联系起来，众筹融资、运动变现等新型金融产品开始出现，运动变现金融模式则是强调场景融入，将复杂的流程和产品进行再造，使产品服务直接与用户需求对接，以更灵活的形式融入日常生活，为用户带来价值，如通过可穿戴设备和大数据技术，全方位采集运动数据，既可以使用户通过运动积累一定的物质财富，又可以促使用户坚持运动，其具有双向效应。在互联网技术的赋能下，运动变现不仅可以起到吸引用户、促进消费的作用，还可以实现体育与金融产品、服务的双赢，将人、体育和金融三者紧密结合，这符合体育服务生态观的定位，即以人为核心，尊重用户的运动需求、消费需求、物质需求，在服务用户的基础上，不断提升金融产品的价值，使服务产品更加精准化、人性化，促进体育互联网金融良性化运转，实现生态位扩充。

（三）体育税收

为了鼓励更多的资金流入体育市场，我国在税收政策上给予了很多优惠，并在一定程度上增加了体育服务业的资金投入。2014年国务院发布的《关于加快发展体育产业促进体育消费的若干意见》明确提出"落实企业从事文化体育业按3%的税率计征营业税""体育场馆自用的房产和土地，可享受有关房产税和城镇土地使用税优惠。体育场馆等健身场所的水、电、气、热价格按不高于一般工业标准执行"。并且指出，充分考虑体育产业的特点，将体育服务、用品制造等内容及其支撑技术纳入国家重点支持的高新技术领域，对经认定为高新技术企业的体育企业，将按15%的税率征收企业所得税。可见，我国目前的税收激励方式主要是直接减免税收，这一方式简单易操作、见效快，但是适用时间不长，缺乏连续性和持久性。另外，税收政策的覆盖面不广，对于一些具有良好市场前景的产业，税收优惠政策较少，且具体化、明晰化程度不高。从生态学的视角来看，目前体育服务业的相关税收优惠政策和具体执行力度无法满足体育服务生态发展的需要，还不能做到使其可持续发展，其仍占据"窄"生态位，需要通过改革和出台适应新时代、新环境的税收政策，以达到生态位扩充。

三、场地设施资源

作为战略实施支撑的资源生态位，其发展态势直接决定了战略实施的效果，而作为体育服务资源之一的场地设施资源在全民健身战略实施的过程中承担了重要角色，是开展全民健身运动的重要物质基础，更是体育服务业生态化发展的重要依托。

在"互联网+体育"的推动下，体育消费、体育运动的需求迅速提升，但是，在学者们的研究著述中，均显示出一个关键问题——体育场地设施资源的供给不充分不平衡。也就是说，如果不合理地改善场地设施资源的窄生态位现状，体育生态服务体系将不能获得有效资源的供给，无法实现体育服务业长久、可持续发展。

国家体育总局发布的全国体育产业总规模与增加值数据公告显示，我国体育场馆服务在体育服务业中的总产出贡献力一直领先。以2019年为例，当年全国体育服务业总产出为14 929.5亿元，增加值为7 615.1亿元，占体育产业总产出的50.6%，增加值占67.7%。如表4所示，2019年体育场地和设施管理在体育服务业总产出中排名第二，总产出为2 748.9亿元，增加值为1 012.2亿元，仅次于体育用品及相关产品销售、出租与贸易代理行业。

表4 我国体育场地和设施管理2017—2019年产出总量和结构数据

年份	总量/亿元		结构/%	
	总产出	增加值	总产出	增加值
2017	1 338.5	678.2	6.1	8.7
2018	2 632.0	855.0	9.9	8.5
2019	2 748.9	1 012.2	9.3	9.0

资料来源:《2017年全国体育产业总规模与增加值数据公告》《2018年全国体育产业总规模与增加值数据公告》《2019年全国体育产业总规模与增加值数据公告》。

尽管体育场地设施的总产出和增加值在逐年增加,但是在体育服务业迅猛发展的内在需求面前,依旧存在诸多资源问题。齐晓英等指出,我国大型体育场地设施所占面积较大,比重较高,但是全国大型场地的数量太少,布局极不均衡,难以惠及广大健身群众;各级各类学校体育场地设施建筑面积所占比例较高,全国超过一半体育场地设施分布在学校,但是对社会开放的比例较低;体育场地设施类型以篮球场为主,项目覆盖面较狭窄,足球场新增面积不足篮球场的10%[1]。金银哲等提出我国体育场馆在新时代面临的发展困境:大型体育场馆数量增多,闲置浪费现象愈发严重,63.3%的体育场馆全年举办活动在20次以下,还有一些场馆虽对群众开放,但可利用的场地面积仅占总面积的10%;2013年的《中国体育产业发展报告》显示,大型体育场馆收入30.6亿元,支出为36.4亿元,利润率约为-19%,经济收益无法得到保证;另外,体育场馆缺少专业化、针对性的服务,也是导致收益无法提升的原因[2]。

---

[1] 齐晓英,郇昌店.我国体育场地设施资源供给侧改革研究 [J].体育成人教育学刊,2019,35 (5):30-35.

[2] 金银哲,李柏,夏晚莹.新时代体育场馆困境及发展路径研究 [J].沈阳体育学院学报,2019,38 (6):55-61.

　　根据 2013 年我国第六次体育场地普查数据和《中国群众体育发展报告（2018）》《2019 年全国体育场地统计调查数据》，我国这几年全国体育场地总数量、全国体育场地面积及人均体育场地面积的情况如表 5 所示：全国体育场地总数量迅速增长，2017—2019 年增加了 158.74万个，全国体育场地面积增加 4.87 亿平方米；人均体育场地面积由2017 年的 1.66 平方米上升至 2.08 平方米。

表 5　2013 年、2017 年及 2019 年全国体育场地总数量、全国体育场地面积、人均体育场地面积对比

年份	全国体育场地总数量/万个	全国体育场地面积/亿平方米	人均体育场地面积/平方米
2013	169.46	19.92	1.46
2017	195.70	24.30	1.66
2019	354.44	29.17	2.08

　　资料来源：2013 年我国第六次体育场地普查数据及《中国群众体育发展报告（2018）》《2019 年全国体育场地统计调查数据》。

　　2013 年至 2019 年，我国体育场地面积增长比较迅速，但是人均体育场地面积增长比较平缓。其中除政策和规划管理原因外，也不乏体育场地与其他资源未能达到合理开发与配置缺失等问题。另外，体育场地分布存在的城乡差异、区域分布差异等也是体育场地设施资源扩充生态位的不利因素。

　　解决体育场地设施资源的诸多问题，从体育服务生态环境的变化来看，依旧可以在"互联网+"的平台和技术赋能下寻找突破口，因为在体育生态服务体系中，任何资源的开发和利用都是协同发展的，所以体育场地设施资源的开发和利用离不开互联网、大数据等技术。

　　"互联网+"的本质是以人为本、为人服务，在互联网技术的支持下，数据收集变得容易，每位参与者产生和传播的数据很快就会形成一张信息网，体育场馆通过互联网就可以获得用户的详细信息，以此来实现精准推送和精准服务。在体育场地设施资源生态位扩张的需求下，体育场地必须往智能化方向发展，这是一个应然需求。从用户需求的角度来看，方便、快捷、科学的功能性平台可以有效供给体育场地和周边的基本信息，方便用户线上预约或取消，可以提升用户的满足感，进而增加体育场地服务消费；从供给方的角度来看，体育场地设施的改革创新需要合理、高效、综合的市场管理平台，以物联网、云计算、大数据等信息技术为基础收集、处理大量用户信息，服务内容上进行多元化和个性化的创新，便于实现一定时空领域内体育场地设施资源的扩张。

四、信息资源

在体育服务业中，信息资源不仅可以协助供给方开拓市场、获取商机，还可以使其占据竞争优势，避免产生生态位重叠的问题。可以说，体育生态服务体系中的各个体育服务项目的发展均离不开信息资源。从体育服务需求角度看，用户最先需要的就是体育的相关信息，在掌握有效信息的基础上才能采取行动；从体育服务的供给角度看，供给方通过信息资源了解市场情况，如从用户到竞争对手、从业态到行业规模、从相关政策到区域特色等方面的信息，只有拥有精准的信息才能提供优质的体育服务；从体育服务的政策保障角度看，信息资源的集纳与改进，可以起制约和规范作用，为体育服务业的生态环境提供保障与支持；从体育服务的最终效果看，体育信息资源的反馈与回收可以为后续阶段的改革与创新提供动力和方向。

信息资源之所以引起各行各业的重视，主要在于信息资源的特性。"互联网+"加强了信息的共享性。在传统的信息获取模式下，人们获取信息的途径较单一，信息不易被分享，但进入新经济时代后，以互联网技术为基础的信息资源可以被无数用户在不同领域共享，信息资源易得、易分享，而在同样的时空内，占有越多的信息资源，体育服务生态位则越宽，处于窄生态位的体育服务则处于劣势，因此信息资源生态位的扩充则成为体育服务业的竞争筹码。需要解释的是，本书提到的信息资源指准确信息，因为在互联网环境下，信息大量增长的同时也会伴随着大量虚假信息的出现，所以只有整合准确的信息资源才能彰显出信息的价值。收集、加工、处理信息，对准确的信息资源进行整合是体育服务业高质量发展的基础。体育服务供应方收集、处理信息，目的是给用户提供更好的服务产品，而用户同样也需要以体育服务供应方提供相应的信息来做出决策。但是信息资源过剩容易导致用户决策的不确定性，所以信息资源并不是多多益善的。因此，无论是提供给用户的精准服务信息，还是体育服务供应方收集的信息，都应该建立在行业生态平衡的基础上，否则会产生边际效应，信息资源的价值不升反降。

在国家和地区不断推进智能体育、"互联网+体育"、科技体育的过程中，体育服务业的科技化演变离不开信息资源的有力保障，正是由于信息资源的不断传递，体育生态服务体系才得以运行和快速发展。目前各个地方已经开始建设体育服务资源库，小到企业、高校内部的体育信息资源库，大到区域、国家的体育资源库，共同形成了技术、政策、人才、法律和资本等多角度融合的信息资源，不断满足体育服务业发展和创新的需求。

五、技术资源

技术资源是为了解决实际发展中的问题而存在的一系列知识，这些知识既包括设备、工具等硬件知识，也包括软件知识。对于"互联网+体育"服务的领域，技术资源指互联网技术在体育服务领域中的应用，能够辅助解决体育服务生态化发展的实际问题，既包括"互联网+"依赖的新基础设施"云、网、端"，也包括各种基于互联网技术产生的软件知识。

在"互联网+"时代，技术边界不断扩张，基础设施层次上的剧变为"互联网+体育"服务提供了技术源泉。"云、网、端"就是新基础设施的代表，其中"云"指云计算、大数据基础设施；"网"从原有的互联网扩展到物联网领域，其新增价值得到持续挖掘；"端"则是用户直接接触的个人电脑、移动设备、可穿戴设备、传感器、App 软件。在具体的技术资源应用过程中，物联网技术可以将体育场馆、运动设施及虚拟体育资源、体育参与者连接；云计算技术通过数据分析，可以为体育服务提供新型的管理模式，提供快速有效的信息；移动互联网技术在提供信息和监测服务中表现卓越；虚拟仿真技术和可穿戴运动设备可以通过传感器、终端设备等辅助运动训练，实现自我监测的目的；等等。

技术资源既是驱动体育变革的重要力量，也是推动体育服务突破困境、走向高质量发展之路的重要影响因素，技术资源与体育服务之间的关联性非常高。可以说，如果没有上述技术的支撑，如今的体育服务业就无法与用户快速、有效地沟通，无法获取用户信息，无法将有用信息传递给用户，无法使用户使用到高、精、尖的体育设备，无法快速收集信息以供政府决策，等等。因此，重视技术资源的开发与发展是实现体育服务资源生态位扩充的重要手段。

六、组织资源

从社会学的视角来看，组织是人类社会特有的产物，是在社会分工的基础上为了实现一定的目标而建立起来的人的集合体。社会系统学派学者巴德纳认为，"组织是两个或两个以上的人有意识地加以协调的活动或效力系统"[①]；宋文坚在《现代社会学》一书中提出，"组织是人们为了追求某种特定的目标，实现某种特定功能而有意识建立起来的、有正式结构的次级群体"。无论从何种角度阐释组织的内涵，我们都可以发现趋于一致的观点：①组织是由一定数量的人组成的；②组织具有特定的目标；③组织具有可供协调关系使用的规章制度；④组织具备一定的结构；⑤组织会产生一定的社会效用；⑥组织拥有或可以调用其他的社会资源。组织的分类有很多，如政府组织和非政府组织、营利组织和非营利组织等。无论如何划分，组织资源都能体现它的特殊性——由人群组合起来的群体起到整合资源的作用，最终又服务于特定的目标。

体育组织资源在体育服务业繁荣发展的过程中起到了重要的推动作用。阮刚将体育组织的定义总结为体育组织指专门从事与身体锻炼（训练）、运动竞赛、运动文化活动相关的，具有特定的（与运动或运动竞赛相关）目的、拥有运动相关资源并具有一定权威和制度的社会机构或团体[②]。一般学者对体育组织的相关研究也是将其划分为政府体育组织和非政府体育组织两大类。可见，在概念的阐释和范围的划定上，对传统体育组织资源的界定还都是以运动为核心，且呈现出以政府

---

① 徐国华，张德，赵平.管理学［M］.北京：清华大学出版社，1998：19.
② 阮刚."体育组织"研究——特征、功能、概念与分类［J］.湖北广播电视大学学报，2010，30（2）：140-141.

为运作中心的一种划分定势。

随着社会转型和治理环境的优化，组织的定义、组织资源的内涵不断扩展。郇昌店等指出"社会体育组织作为我国体育治理的重要构成部分的角色将得到进一步呈现"[①]，并且将体育组织资源划分为政府体育机构、市场体育组织、社会体育组织三个部分。必须承认的是，组织资源具备先天的资源优势，使人、财、物等资源优势在小范围群体中集中发力，整合共享、协调发展，是体育服务业发展的必须环节，也是体育生态服务体系的重要环节。

在互联网时代，依托网络媒介组织体育活动已经成为新兴的体育组织形式，即利用互联网平台建立人群联系，形成组织资源基础，再利用网络平台发布信息、组织体育活动。网络组织资源不仅突破了地域的限制，还突破了人际关系等因素的制约，同时实现"线上""线下"共同发力，充分响应了国家关于凸显社会力量参与体育服务的号召。在以互联网为基础的体育组织资源中，人的资源优势、信息资源的优势被进一步彰显，打破了地缘、阶层、时空等因素的限制，降低了组织活动的成本，组织资源流动和运转的适应性和灵活性凸显出来。体育组织资源不仅促进了体育生态服务体系内部的物质循环、能量流动、信息传递，还促进了体育服务业整体的动态平衡和协调发展，促进系统内各主体与环境之间的协同发展。

七、历史文化资源

"文化能够将境遇、背景各不相同的个体和家庭结合到一个集体之

---

① 郇昌店，张伟.社会体育组织参与体育治理的效应与实现路径 [J].西安体育学院学报，2017，34（1）：9–13，47.

中，从而使不同的人们之间形成一种相互的认同感与归属感"①。体育文化对维系民族情感和传承民族精神具有重要的作用，对大众心理具有正向的影响。在新常态下，传统体育文化资源成为一种必需的资源，在体育生态服务体系中承担重要作用。比如，太极拳、八段锦等功法是中国人智慧的结晶，如今人们利用互联网平台，继续扩大它们的影响范围，让更多的人了解并练习，从中获益。这样，不仅凝聚了人心，使大众认识到中国传统体育文化的力量，还为大众提供了优质的传统体育资源。

传统体育文化的根源在传统，也就是某个地区、民族或群体的民众在长期的社会实践中孕育、发展并保存下来的物质、精神财富，能够贴合群众的心理和习惯，具有得天独厚的文化生态。所以各地区可以分享自己拥有的历史文化资源，并用这些资源获取利益和发展，将传统体育文化与旅游、特色小镇的建设与开发相结合，形成具有民俗气息、地域特点的体育服务产品。比如，在一些传统武术文化聚集的地区，以开设体育博物馆的形式展示那些具有文化特色的资源或非物质文化遗产，制作并销售与武术相关的器械、服饰，拍摄相关的影视作品等。

第三节　需求生态位："互联网+体育"
生态服务体系构建的核心要素

完整的体育生态系统必然会存在生产、消费、分解的关系，物质循

---

① 克兰. 文化社会学——浮现中的理论视野 [M]. 王小章，郑震，译. 南京：南京大学出版社，2006：18.

环、能量流动、信息传递的关系以及相互转化的关系，因此，在体育服务环境中除了提供体育服务的生产环节和消费体育服务的环节，还需要有连接生产和消费的需求环节。不能脱离需求谈供给，换句话说，需求与供给本是体育服务市场的两个重要环节，二者互相制约，互相影响，并且协同发展。

从体育生态学的视角来看，要使体育服务业向更加生态化发展，就要运用平衡供需、协调发展的思路考量整个体育生态服务环境。党的十九大对中国社会的主要矛盾做出了政治判断，即《决胜全面建成小康社会　夺取新时代中国特色社会主义伟大胜利》指出"新时代中国社会主要矛盾已经转化为人民日益增长的美好生活需要和不平衡不充分的发展之间的矛盾"，体现在体育发展方面，则是人民日益增长的体育需要和不平衡不充分的体育供给之间的矛盾。大众对体育的需求是多元化的，而且越来越生活化、个性化，深入理解新时代的体育需求，是构建生态体育服务体系的重点，也是建设体育强国的重要内容。

在体育强国建设的进程中，人们对体育的需求开始向多元化发展，不仅有锻炼身体、强健体魄的基本需求，还有以体育功能为核心演化的诸如体育知识学习、体育旅游、体育养生等需求。大众对体育服务需求的不断提升倒逼供给侧结构性改革，只有了解和把握人的需求，才能有的放矢地进行改革和创新。

人是社会最基本的组成单位，也是最核心的要素。在"互联网+"的背景下，人发明技术、开发资源、生产服务，是体育服务的提供者，同时人也在消费技术、消耗资源、享受服务，所以要想在体育生态服务环境中促进各生态位之间协调发展、可持续发展，关键在于把握人的需求。

互联网技术的全方位渗入，使体育服务业传统的需求生态位被进一步扩充，甚至被取代。大众的体育服务需求已经由传统的单一型健身需求转向多元化需求，大众不仅要锻炼身体，还需要观赏赛事、购买服务品等；参与的项目广泛，如田径、篮球、乒乓球、羽毛球、游泳等；不同年龄层次的人群对体育服务的需求不同，在线体育游戏、体医结合等反映了不同年龄的人群的体育服务需求。体育通过互联网技术与健康养生、旅游、音乐、休闲、美食、娱乐等行业开始融合并衍生出新兴的体育服务行业，人们的需求动因更加明确，即在享受体育服务的过程中，以方便、快捷的方式追求身心健康，而满足需求的手段则越来越多地依赖现代互联网技术和信息技术，在体育生态服务体系中，需求生态位呈现逐渐扩充的态势。

如图 8 所示，从中国互联网络信息中心（CNNIC）发布的 2016—2020 年的中国互联网络发展状况相关统计报告中可以看出，我国网民规模快速增长，这意味着大众越来越倾向于通过互联网满足需求，同时也会受互联网信息传播特点的影响，产生越来越多的需求。

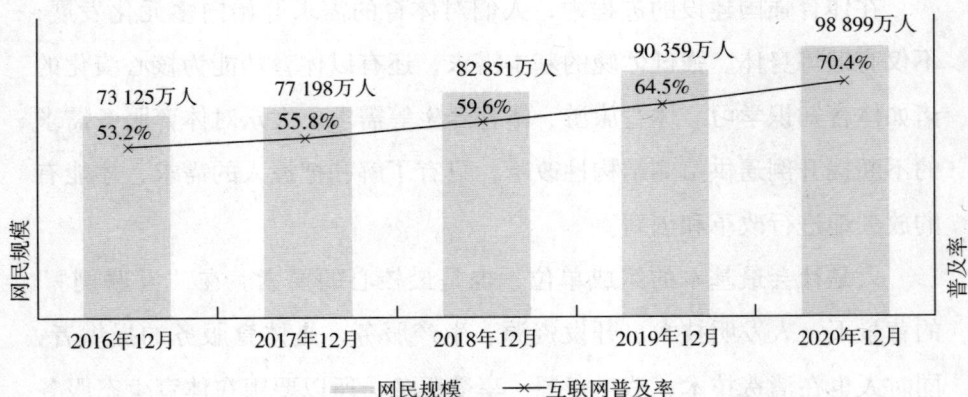

图 8　2016—2020 年互联网网民规模和互联网普及率

一、"互联网+健身休闲"的需求

健身休闲业是新时代体育产业的核心之一，健身休闲也是大众体育需求的核心内容。健身休闲成为人民群众参与体育的直接目的，也是在体育服务业中最能够激发消费潜力、培育新的经济增长点的生态因子，只有不断扩充健身休闲的生态资源，才能进一步扩充体育服务体系中的需求生态位。

随着"互联网+"行动的提出与推广，以及《国务院关于加快发展体育产业促进体育消费的若干意见》《"健康中国2030"规划纲要》《国务院办公厅关于加快发展健身休闲产业的指导意见》等文件的出台与实施，大众的健身需求不断被激发。近些年，大众的健身休闲需求呈现以下四个方面的特征。

（一）参与热情高涨

近年来，健身促进健康的理念深入人心，大众对健身休闲的需求与日俱增，参与体育锻炼的人数稳步增长。据相关数据分析，2015年我国经常参加体育锻炼的人数是3.99亿人，2016年为4.06亿人，2017年为4.13亿人[1]，到2035年，经常参加锻炼的人数比例要达到45%以上[2]，"预计到2035年，经常参加体育锻炼的人数能够达到6.3亿以上"[3]。据三体云动数据研究中心的《2018中国健身行业数据报告》显

---

[1]　李颖川. 中国体育产业发展报告（2019）[M]. 北京：社会科学文献出版社，2019：23.

[2]　国务院办公厅. 体育强国建设纲要 [EB/OL]. (2019-09-02) [2020-11-20]. http：//www. gov. cn/zhengce/content/2019-09/02/content_ 5426485. htm.

[3]　刘硕阳 . 二〇三五年经常体育锻炼人数将达六点三亿以上　全民健身持续发力 [N/OL]. 人民日报，2019-09-03 [2020-11-20]. http：//www. gov. cn/zhengce/2019-09/03/content_ 5426725. htm.

示，2018年国内持有健身卡的人数为1 742万人（不包括小型健身工作室会员情况），而中国的健身人口数量达到4 327万人。2018年年末，体育健身休闲活动领域法人单位有4.7万个，从业人员为38万人，资产总计3 149.7亿元，占我国体育服务业总量的比重分别为33.5%、31.7%和20.1%，单位数量和从业人员在体育服务业八个领域中居首位，资产规模居第二位。

（二）消费规模扩大

体育消费规模扩大主要体现在体育消费人群的不断增长和消费金额的持续上升。以阿里巴巴电子商务平台为例，其发布的"阿里体育'双11'数据"显示，从2013年到2018年，在每年"双11"期间的体育商品消费金额增长迅速：2013年为12.96亿元，2014年为19.76亿元，2015年为30.54亿元，2016年为41.35亿元，2017年为50.93亿元，2018年突破60亿元。2018年"双11"期间成交人数达到2 000万人。如表6所示，在2014年至2017年期间，阿里巴巴电子商务平台体育用品消费人数和消费金额快速增长。

表6　2014—2017年阿里巴巴电子商务平台体育用品消费人数及消费金额

年份	体育用品消费人数/亿人	体育用品消费金额/亿元
2014	1.40	400
2015	1.80	515
2016	3.60	757
2017	5.28	852

资料来源：《中国体育产业发展报告（2019）》。

大众消费的体育用品不仅包含运动鞋和运动服，还包含智能化体育设备，如智能手环、智能跑步机等专业类、科技类产品。

（三）项目种类多元化

体育产业生态圈联合京东体育推出的《2019互联网体育消费新趋势》显示，国内受大众欢迎的十大体育项目是游泳、棒球、篮球、乒乓球、高尔夫、羽毛球、足球、台球、棋牌麻将和网球。

近年来，大众参与马拉松和广场舞的热情高涨。马拉松原本属于小众项目，以高负荷、大强度、长距离、强挑战为特点，近年来成为大众健身的新时尚。中国田径协会官方网站数据显示，2011年中国举办的马拉松赛事仅有22场，2016年则达到了328场，参与人数为280万人次，到2020年，全国马拉松赛事场次达到1900场，中国田径协会认证赛事达到350场，各类路跑赛事参赛人数超过1000万人次。广场舞具有广泛的群众基础，以中老年为主，他们会在服装、音响、视频播放器等方面产生一定的需求，市场价值很大。但是，要注意引导广场舞良性发展，减少因噪声产生的矛盾。

大众的年龄段不同，需求也不同。18岁及以下、19~25岁两个年龄段的人群占体育消费人群的比例逐渐增长，成为体育消费的重要力量。《2019互联网体育消费新趋势》报告显示，2019年，"95后"人群在运动鞋服、健身训练、户外装备等多个品类的购买总额增幅位居第一，增长了127%，而老年人的健身需求则更多集中在防病治病、延年益寿等方面。据全国老龄工作委员会办公室统计，截至2017年底，我国60岁及以上老年人口有2.41亿人，占总人口的17.3%，预计到2050年前后，我国老年人口数量将达到峰值4.87亿，占总人口的34.9%。健身有利于健康，长寿与体育运动紧密联系，因此老年人更关注体育健身促进健康方面的专业知识、体医结合等领域，更偏好传统的健身方式。

基于大众对健身休闲的热爱，能够高质量、专业化指导大众进行健身、运动的教练员、指导员等人才也成为重要需求。

（四）健身形式更加丰富

新技术推广应用是满足"互联网+健身休闲"需求的关键力量。健身类 App 最初主要以健身社交、健身咨询为主，如今各类健身休闲类 App 衍生出更多的应用类别，如目标训练、营养膳食、训练时间、量化运动、减肥等。另外，由于互联网技术的赋能，也出现了很多不同的项目类型，丰富了原有的以"健身教学+社交"为主的 App 模式。比如，场馆 O2O 模式、线上教练服务模式、着重跑步与健身结合的数据记录模式。"互联网+"不仅能使人们获得全新的健身体验，还能促进大众以更灵活的方式进行多种形式的健身。如 2015 年在杭州成立的乐刻运动，基于互联网等技术平台，突破人工困境、实现"7×24"全天候自助健身服务，即通过实时监控把握所有硬件设备的使用情况，数据监控中心负责收集监控数据，用户可以通过 App 查找附近的门店，线上约课，通过扫二维码进门、签到、健身。同时，平台可以用用户的相关数据生成用户画像，针对用户运动喜好、生活习惯、消费偏好等数据提供个性化服务，为用户提供科学的健身知识。

随着"互联网+"继续推进和技术的不断进步，以人为核心的健身需求将更加多元。首先体现在地域上，目前城乡差距和地域差距是全民健身休闲无法普及的主要障碍，体育消费市场主要集中在北京、上海、广州、深圳等一线城市，但是体育消费市场已经出现了下沉式发展的良好态势，这也起到了扩大生态位的作用，成都、重庆、天津、西安、武汉、苏州、杭州等众多新一线城市的体育消费增速明显，运动鞋和运动服、户外装备等市场销量增长明显，这也说明健身休闲市场的扩大化发展趋势。其次，智能化设备的功能越来越细化，监测更加专业和有针对性，监测的工具更加方便携带，监测的内容由步数、距离、热量等转为更多元的视力、肺活量、血压、心率、呼吸等。最后，越来越多的健身游戏出现，感应式设备可以识别跑步、骑自行车、跳绳、跳舞等多种运动，营造"快乐体育"的健身休闲氛围。大众对健身休闲的需求会更多地依赖互联网技术，追求方便、快捷、有效、有趣的体育运动。

二、"互联网+体育赛事"的需求

　　大众参与体育赛事是一种娱乐需求，更是一种享受体育服务的需求。互联网技术的进步，为大众的观赛提供了更便利的条件，如今的体育赛事不再局限于大众到赛场观赛。生活方式的转变、消费需求的改变以及产业营销方式的升级都成为大众对体育赛事需求转变的动因。满足大众通过多种方式参与体育赛事，已经成为"互联网+体育赛事"生态位扩充的重要渠道。

　　大型体育赛事对举办城市的发展有重要的价值和意义，举办大型体育赛事不仅可以促进城市扩展发展空间、加强基础设施建设、提升治理水平等，也可以帮助该城市打造城市 IP、提高市民归属感和认同感。大型体育赛事有助于大众提升体育认知，养成健康的生活方式。"互联网+"时代带来的最重要的改变就是人们生活方式的改变，由于科学技术的深入与融合，人们参与体育赛事的方式也发生了变化。从赛场设施的完善到赛事的传播，从观赛方式到赛后反馈，均能体现出大众对体育赛事需求的变化。近年来，互联网技术在满足大众对体育赛事的需求方面有以下三个特征。

（一）大众在移动终端收看赛事

在国务院印发的《关于加快发展体育产业促进体育消费的若干意见》中，"取消商业性体育赛事审批，放宽转播权限制"的规定无疑对满足大众参与体育赛事的需求起到了促进作用。先进的转播技术、一流的解说、多终端的体验、社交化的融入等方式提升了大众的参与感。

根据艾瑞咨询对中国互联网体育用户的研究，截至2016年，我国线上观赛用户达到观赛用户总量的52.8%，已经超过电视观赛用户。根据艾瑞咨询联合CCTV微视发布的《中国世界杯球迷观赛数据解读》，在2018年世界杯期间国内触达观众人次超过300亿，而作为央视新媒体官方合作伙伴的优酷和咪咕平台，成为球迷观赛的另外一种重要渠道。调查结果显示，在世界杯期间，国内球迷进行最多的娱乐活动就是观看网络直播。从目前赛事直播的模式来看，主要有两种直播方式，一种是PGC（Professional Generated Content）模式，即专业生产内容，以央视影音、爱奇艺等为代表；另一种是UGC（User Generated Content）模式，即用户生产内容，用优质的UGC内容吸引用户，给用户提供赛事评论，让用户拥有更强的互动体验和参与感，主要以章鱼TV、企鹅直播为代表。

（二）大数据与人工智能提升观赛体验

信息产生价值是"互联网+"时代的重要特点，维克托·迈尔-舍恩伯格在《大数据时代》一书中指出，"如今，数据已经成为了一种商业资本，一项重要的经济投入，可以创造新的经济利益。事实上，一旦思维转变过来，数据就能被巧妙地用来激发新产品和新型服务"①。由此，大数据分析可以为大众观赛和互动提供了更好的服务体验。如虎扑体育转播 NBA（美国男子职业篮球联赛）的时候，充分考虑用户的需求，在虎扑体育的"前瞻"菜单下，用户不仅可以看到球队的过往战绩、球员伤病情况、首发阵容等，还可以看到球员的年龄、体重、身高、薪水、各赛季的出场次数、首发次数、得分、篮板、助攻等细致的数据统计和分析。这样，不仅为用户提供了全面的信息，方便用户通过这些数据了解球队、球员，对即将开始的比赛进行预判，还能吸引用户关注平台；而在比赛进行中的实时数据更能让用户及时掌握赛场动态；赛后，平台还会发布战报、比赛结果分析、球员伤病情况、比赛花絮、赛后采访、技术统计等内容。

在一场比赛中，大众对运动员的基本数据的掌握依赖摄像产生的数据量；平台在赛事播放、报道及与体育迷互动时都可以借助大数据应用获得更高的收视率，从而带来可观的收入；体育赛事解说员也可以利用相关数据，对比赛进行深入评论，为体育迷提供更精确、到位的解说服务，提升用户的观赛体验；商家可以根据互动数据更多地了解用户，建立用户画像，向用户推送合适的信息，增加赛事门票及相关商品的销售。

2017 年，阿尔法围棋（AlphaGo）以 3∶0 的成绩战胜九段职业棋手柯洁，标志着人工智能已经进入体育领域，且人们对人工智能的探究进入了一个新阶段。比如，西班牙的伯纳乌足球场就安装了人工智能应用系统，可以实时分析球员比赛训练的大数据，运用数据驱动的方式提升球员价值转化率，利用云平台与人工智能大数据分析技术，将皇家马

① 迈尔-舍恩伯格，库克耶. 大数据时代 [M]. 盛杨燕，周涛，译. 杭州：浙江人民出版社，2013：13.

德里队的全球球迷连接起来。人工智能技术与大数据的结合可以实现用户由"看比赛"到"进入比赛"的体验转变，打破原有"看客"的身份，能够全方位地了解和参与一场比赛。2018 年俄罗斯世界杯期间，国际足球联合会首次在赛事中引入视频助理裁判（以下称为 VAR）系统，在 64 场比赛中，专门的视频助理裁判团队利用基于光纤的无线电系统与场上的裁判通话，来自 33 台直播摄像机和两台专用的越位摄像机的画面则通过同一网络直播传输到视频操作室，通过这种技术，每名 VAR 成员都要看不同的摄像机画面，告知场上裁判关于误判或漏判的情况，满足场上裁判的帮助请求。

（三）VR 和 5G 技术再次提升受众体验

VR 技术（虚拟现实技术）的核心为沉浸、交互、想象。VR 直播需要专业设备完成信号的采集，每场比赛都会在体育场馆设置一定数量的 VR 机位，营造"沉浸式"的现场环境，为观众提供了身临其境的感受。

5G 技术（第 5 代移动通信技术）与体育赛事的结合，可以为用户提供更流畅的现场转播、更真实的观赛体验和更丰富的信息内容。2019 年 8 月，第二届全国青年运动会上，我国第一次将 5G 技术应用于大型体育赛事的直播工作，同年，在第七届世界军人运动会上，5G 技术为用户带来全新的观赛体验。5G 技术凸显了视频采集方便、高清直播信号回传、自动处理和即时发布、随时随地统一视觉体验等优势，更好地满足用户的观赛需求。

把 VR 技术和 5G 技术应用到年轻用户青睐的电子竞技中，会迸发更大的火花。2019 年 12 月，江西省红谷滩新区首届 VR 运动会就是运用"5G+VR"的全新技术，给用户带来了前所未有的观赛体验。运动会的比赛项目涵盖网球、乒乓球、节奏光剑和拳击，为大众提供了一个展示才能和亲身感受 VR 体育氛围的机会，推进了 VR 竞技项目全民化、职业化。

"互联网+"平台融合了很多新技术，技术的变革与创新催生了大众参与体育赛事的新需求：不再局限于高成本的现场观赛与被动地收看电视直播，而是产生多渠道的收看需求，因此移动客户端的发展势头不可小觑；大众有更加强烈的获得良好观赛感的需求，VR、5G、大数据、人工智能等技术成为满足用户需求的重要手段；在参与赛事的过程中，大众希望能获取更全面的信息，甚至参与赛事判定，因此在观赛过程中的互动性成为用户体验感评价的重要指标。

大众在利用互联网平台参与体育赛事的过程中，也会产生更多的市场需求。艾瑞咨询对 2018 年俄罗斯世界杯期间球迷消费行为变化的调查显示，国内球迷在世界杯期间购买最多的是食品。可以看出，在体育赛事服务的需求生态位不断扩充的时候，会产生更多的生产、消费，以及物质循环和能量流动、信息传递，大众在观赛过程中产生的愉快感受，有助于实现体育生态服务体系的良性循环和互动。

三、"互联网+场地设施"的需求

随着人们生活水平的提高，闲暇时间不断增多，大众对日常健身的需求与日俱增。大众需要健身、观赛，大众的健康离不开体育，而体育运动的开展离不开场地设施。国家体育总局发布的《2019 年全国体育场地统计调查数据》显示，截至 2019 年 12 月，我国共有全民健身路径 82.35 万个，健身步道 7.68 万个，健身房 10.82 万个；基础大项场地中田径场地 17.39 万个，游泳场地 2.79 万个；足球场地 10.53 万个，篮球场地 97.48 万个，排球场地 8.77 万个，乒乓球场地 80.56 万个，羽毛球场地 19.06 万个；滑冰场地 876 个，滑雪场地 644 个。随着"互联网+"技术与各行业、各领域的融合不断加深，大众对场地设施的需求也在不断扩大。无论是体育场馆还是体育公园都成为大众健身、体育锻炼的场地。

另外，"互联网+"时代的体育场馆、场地更加凸显的是智慧服务的供给。大众已经不满足于传统的体育场馆"坐等用户""按时营业"的服务理念，而是需要体育场馆树立以用户为中心的生态体育服务观，需要体育场馆满足大众对不同功能的需求、对硬件与软件的需要，以及个性化和多元化的需求。比如，通过智能设备或者移动终端实现自动预约、定位、检票，即时获取比赛数据，在观赛的时候能够进行实时技术分析、与场内互动等。在大众场馆，便捷、优质、综合、智能化的服务是大众所急需的。

在城市化的进程中，体育运动与城市绿色空间的生态化结合，出现了具有鲜明特色的公园类型——体育公园。体育公园可以解决城市人均体育用地不足，作为免费的"健身房"为大众提供体育服务。"健康中国"是国家战略，全民健身的需求增长迅速且逐渐多元化，体育公园的场地和设施也需要不断更新，以提供更优质的服务。而大众对体育公园的智能化需求也开始体现在由信息技术引导的科学健身的层面上。体育公园在欧美各国十分常见，比如，英国在了解居民运动需求的基础上修建体育公园，补充足够的室内运动场地，以及建设运动主题公园；法国的体育公园则更加凸显园林特色与体育运动项目的结合。国外很多体育公园都开始向内容综合化、项目专业化的方向发展，更加突出体育运动的娱乐性、教育性、商业性，尽管我国近年来兴建的体育公园也不乏特色突出的，但大多集中在北京、上海、广州、深圳等一线城市，无法满足大众普遍性的需求。

大众对场地设施的需求已经超出了满足基本运动的层面，越来越多的人开始追求身心的享受与休闲。体育公园既能让人们享受园林美景、清新的空气，还能满足人们对休养、游戏、运动等多方面的需求。这恰好是智慧体育公园的定位，也是体育生态服务的诉求，即体育公园中的体育设施、公园交通、活动设施等都能具备专业化和信息化的特征，为大众提供人性化的服务，且依托高新科技和信息技术，保障运动人士的安全。

四、"互联网+体育知识"的需求

健康是促进人全面发展的必然要求，中共中央、国务院印发的《"健康中国 2030"规划纲要》明确指出，"健康服务供给总体不足与需求不断增长之间的矛盾依然突出"，而"共建共享、全民健康"的战略主题强调了个人的重要作用，"要强化个人健康责任，提高全民健康素养，引导形成自主自律、符合自身特点的健康生活方式，有效控制影响健康的生活行为因素，形成热爱健康、追求健康、促进健康的社会氛围"。建立健康知识和技能核心信息发布制度、建立健全健康促进与教育体系等均成为实现健康战略目标的重要途径。随着人们生活水平的提高，人们的健康意识也开始转变，进而产生对体育知识、体育教育的增量需求，促进了我国体育知识服务市场的快速发展。

传统的体育知识传授基本上以体育教学单位为主体，大多是由国家主管部门指定与控制的教学或行政单位，培训场所相对固定，有严格的教学内容要求以及较高水平的师资，但是随着互联网技术与体育服务领域的不断融合，传统体育知识传授模式已经被打破，人们开始追求更加智慧化的教学方式和获取体育知识的途径。利用互联网、物联网、大数据、人工智能等技术，在用户的移动终端即可找到适合自己的体育知识，可以满足资源整合、寻找优质教练员、获取全面信息等多种需求。比如，某款 App，用户每月只需要支付一定金额就可以在当地多家连锁店参加健身课程，选定场馆、时间与课程，获取健身知识，用户选择更加自由与灵活。许多体育培训类 App 应用设置点评互动功能，可以使用户获取更多、更有效的体育知识。用户获取体育知识的需求量不断增加，其对体育知识专业化的要求也在逐渐提升。有的用户需要体育新闻，有的用户需要健身教学，有的用户需要专业的运动指导，另外不同年龄段和不同收入群体的用户对体育知识的需求也不相同，这就需要对体育市场进行细分，以便提供更细致和优质的服务。

调查显示，培训项目除比较受欢迎的游泳、舞蹈、篮球、跆拳道、羽毛球以外，用户的多元化需求也逐渐彰显，比如对足球、轮滑、武术、乒乓球、棋牌、体适能、滑步车等项目的学习需求占据较大比例，越来越多的用户开始出现个性化需求，比如对网球、体操、击剑、冰雪、马术、高尔夫等项目的需求。我国青少年参与体育培训的比例约为25%，即 4 名青少年中仅有 1 人参与体育培训，与全国中小学生学科类培训 48.3%的参与率相比仍有较大差距，市场潜力较大，开发青少年体育培训市场是主要方向[①]。

在"互联网+"的背景下，大众对体育知识的需求主要体现在体育知识的获取更加便利、价格适宜，打破传统教学获取知识的途径，获取体育知识的过程中能够体现更多的交互性，体育知识供给能够更加专业、有效，针对个人不同特性提供不同的体育知识服务，等等。虽然在

---

① 李颖川. 中国体育产业发展报告（2019）[M]. 北京：社会科学文献出版社，2019：101-107.

"互联网+"时代越来越多的体育知识在线上传播，但是线下的场馆、赛事、装备等体验也依旧重要，因此，体育知识服务具有很强的联动性。比如，学习羽毛球的用户，虽然可以利用线上资源自主学习相关的体育知识，并在学习过程中与教练员、其他用户互动交流，但是体育运动的特点是实操性，用户必须亲自训练才可以掌握技术。于是，体育场地便成为必需品，用户可根据自身数据进一步利用线上互联，找到距离最近、适合自己的场地进行练习。在练习过程中，用户会遇到无法掌握的要领，这就需要教练员线下面对面指导。在这个过程中，体育知识的提供与获取、掌握不仅需要线上资源的融合供给，还需要体育场馆的服务、装备的供应，而在后续的学习中，用户可能会产生更大的黏性，进而成为体育赛事的观赛者，与之共同练习的搭档也会成为潜在用户。因此，体育知识服务不仅仅是知识的传播，还是可以推进其他体育服务共同发展的生态因子。

五、"体育+"的跨界需求

体育是充满生命力的，体育服务业是具有扩展性的，随着体育健康理念深入人心，体育文化的传播日益广泛，体育与其他业态的融合发展已经成为一种趋势，体育已经从一种"小体育"的概念成长为一种"大体育"的概念，其外延不断扩大，内涵也不断丰富。体育与不同产业的结合衍生出更多的体育服务形式，而这些"体育+"的跨界融合正是"互联网+"时代大众对体育服务的新需求。"体育+旅游""体育+科技""体育+城市""体育+医疗""体育+金融"等新兴交界区，扩大体育服务需求生态位的边界。

"体育+旅游"是大众需求的产物。大众追求健康的体魄和灵魂，在快节奏的工作生活之余需要通过旅游的方式来放松，但是走马观花式的旅游形式已经不能满足大众的需求，于是以体育本体资源为核心、旅游服务要素为载体的体育旅游服务应运而生。在具有特色的地域中，人们不仅可以享受美景、美食，还能通过适当的体育运动消除不良情绪，让身体得到休息。比如，吉林省是冰雪之城，冰雪旅游已经成为城市的名片，浓郁的旅游特色加上丰富的体育资源，使这座城市吸引了很多冰雪运动爱好者。通过大型赛事的热度为体育旅游宣传造势，这也是很多体育迷的需求。很多体育迷都希望到赛事举办地去欣赏一场盛世赛况，进而通过旅游的形式熟悉一座城市、一个国家。比如在2018年俄罗斯世界杯期间，超过250万张门票售卖一空，全球80余个国家近60万名球迷到俄罗斯观赛，比赛结束后，去俄罗斯旅游的热度依旧不减。"体育+旅游"不是二者的简单结合，而是需要二者更深入地融合，即体育业和旅游业在衍生服务上下足功夫，且依托互联网使体育旅游服务向更人性化的方向发展，从信息筛选到路线规划、从线上体验到线下参与、从体育运动到旅游观光等都进一步提升，方能满足用户的需求。

"体育+城市"的发展，不仅能为用户提供运动偏好地的选择，还可以成为一座城市的体育名片，会对一座城市的文化产生影响。比如，2008年北京奥运会后，分赛区青岛市成为"帆船之都"，这得益于其在帆船项目上的持续发力。与体育城市比肩的体育小镇也是国家重点扶持的项目，不仅融入乡村振兴战略，还将体育强国战略稳步推进，大众需要这样的体育特色小镇。比如，浙江省泰顺县的百丈时尚体育小镇，将健康休闲、时尚体育的元素融入了具有300年历史的水边小镇，大力发展水上优势，引进运动队伍，并且成功申报建设了国家级水上运动后备人才基地和国家体育训练基地，目前拥有环飞云湖慢行系统，总长28千米，融合健步、骑行、观湖观赛、马拉松等功能，形成"一环、两带、八组团"的环飞云湖的景观旅游带。

"体育+医疗"，也就是我们常说的"体医结合"，越来越成为大众的需求热点。虽然体育运动具有提升人们健康水平的作用，但是如果运动缺乏科学性，不仅无法达到保持健康的效果，还会给人们带来运动损伤。因此需要介入医疗手段，对用户进行体能评价和运动分析，正确、科学地引导用户选择合适的运动项目。大众需要健康，也需要科学的健康方式，使运动成为"良医"，治未病以及病后恢复成为大众的主要需求点。《"健康中国2030"规划纲要》指出，"建立完善针对不同人群、不同环境、不同身体状况的运动处方库，推动形成体医结合的疾病管理与健康服务模式，发挥全民科学健身在健康促进慢性疾病预防和康复等方面的积极作用"。目前，很多人开始在传统体育项目中寻找健身途径，以预防疾病和提高身体机能，而很多传统体育项目已经蕴含了体医结合的影子，比如太极拳、八段锦等。

第四节　环境生态位："互联网+体育"
生态服务体系构建的根本要素

环境生态位是体育生态服务体系构建中的根本要素，体育运动的产生来自人与自然环境的互动，体育运动的发展与演进离不开自然环境与人文环境，体育服务业的演化更是人类社会环境、生活环境变化的结果。同时，人类的健身休闲、运动锻炼取自周边环境，影响周围环境。可以说，环境生态位是与体育服务业发生物质、能量转化和信息交换的生态位，并且对体育服务业产生影响。

　　环境创造了体育，提供了体育服务业所需的资源，但也会制约体育服务业的目标、内容和效果，影响体育服务业发展的速度；体育服务业的发展对环境也起着强大的能动作用。因此，环境生态位只有在变化过程中保持持续、绿色、有效的发展态势，才可以对体育服务业起到良好的推动作用。而当体育生态服务体系中的政策生态位、资源生态位、需求生态位均处于不断扩充的状态时，如果以牺牲环境为代价，体育生态服务体系就是一个无法持久的体系。体育服务业政策生态位、资源生态位、需求生态位与环境生态位之间是相辅相成的、互相依赖的关系。

　　体育环境可以分为体育自然环境和体育社会环境。自然环境指人类生存和发展所依赖的各种自然条件的总和。在体育服务过程中，人们需要从自然环境中获取能量、物质等资源，自然环境直接影响体育服务业的发展速度。比如，利用海水资源的帆船运动，利用天然岩石的攀岩运动，对地形、地貌、气候等有多种要求的高尔夫运动等，都需要自然环境的供给。一定区域的自然环境决定该区域的体育项目类型、开展体育活动的可能性和基本条件，还在一定程度上决定体育服务开展的规模和内容。比如，我国东北以冰雪项目为主，南方水乡以游泳、划船等水上项目为主。气象条件也是影响体育运动的重要因素，比如对风向、风速要求比较高的滑翔伞运动，在教练员为参与者提供教学服务之后，需要参与者亲自体验滑行。滑翔伞是迎风起飞，而在高空则为顺风滑行，要根据场地选择适宜的风向和适宜的风速，否则无法起飞，所以滑翔伞这项体育运动对自然环境的要求还是很高的。体育服务业在发展过程中，除了利用自然环境之外，也需要保护自然环境。比如，体育场馆设施是体育社会环境的重要组成，为了满足人民不断增长的健身需求，体育场馆设施的兴建必然会破坏植被，场馆建成后能否有效控能等问题都直接关系环境的可持续发展，进而影响到体育生态服务的发展，因此应该尽可能使用环保型材料，尽量保留原有植被，节约能源、降低污染。近年来，大众的健身需求开始向多元化、小众化发展，户外运动的需求逐渐增多，这也必然会引起人与自然环境之间的冲突。山间旅游和登山探险确实可以让人们放松身心、挑战极限，但是这些活动也会在一定程度上破坏山区环境。只有建成绿色体育服务生态圈，尽量做到取于自然，回馈自然，整个体育服务生态环境才能实现可持续、健康发展。

体育社会环境主要包括政治环境、经济环境、人文环境，它们是影响体育服务生态化发展的重要因素。在"互联网+"时代，任何事物都可以建立联系，在体育服务领域中，政治环境、经济环境、人文环境都已经成为深度影响体育服务业生态化发展的因素。体育服务业的发展不仅需要政策法规的保障，还需要市场经济创新改革的助力，以及社会中人们的新观念、新思想带来的变革力量。我国1995年出台《体育法》，正式以法律形式确定了国家发展体育的目的、方法和手段，并且推出了"奥运争光计划"和"全民健身计划"，极大地促进了体育事业的发展。随着市场经济的发展，人们的思想观念、生活方式也发生转变，对体育服务的需求不断增加，我国相继颁布并实施的《关于加快发展体育产业促进体育消费的若干意见》《关于促进全民健身和体育消费推动体育产业高质量发展的意见》等文件，都对体育服务业发展起到促进和保障作用。而体育服务业的发展水平取决于经济的支持力度，经济的支持力度取决于经济发展水平，经济发展水平越高，人们的体育消费能力就越高，人们参与体育运动就越多，人们的体质就越好，进而越能为社会经济发展贡献力量，这几方面是相辅相成的。因此，社会整体经济发展水平也是影响体育服务业发展的重要因素，在寻求体育服务业生态化发展的同时，也需要用生态观的理念来谋求社会整体经济的发展。比如，举办一场大型的体育赛事，不仅是为大众奉献体育赛事的观赛体验，还是市场中多行业的配合与联动发展，交通、邮电、通信、旅游、餐饮、新闻、广告等行业都会参与其中。

随着"互联网+"时代的来临，人类生存的社会环境开始发生巨大的变化，体育服务业的政治环境、经济环境、人文环境都随之转变。科技化、信息化、多样化、多元化、商业化等环境特点影响体育服务业的发展，而体育服务业也会影响环境，当人们的需求进一步扩大，体育服务业就需要依靠体育环境提供更多的资源来发展。

第四章

天津市"互联网+体育"生态服务体系现状研究

第一节　研究背景

体育在政治、经济、文化等领域体现出多元价值，逐渐成为国家政策重点扶持的产业，近年来一直保持稳步增长的态势，展现出强大的生命力。《国务院关于加快发展体育产业促进体育消费的若干意见》提出，"产业结构更加合理，体育服务业在体育产业中的比重显著提升"，同时指出营造重视体育、支持体育、参与体育的社会氛围，将全民健身上升为国家战略，把体育产业作为绿色产业、朝阳产业培育扶持。2016年，国务院发布的《全民健身计划（2016—2020年）》指出，要以创新、协调、绿色、开放、共享为发展理念，统筹建设全民健身公共服务体系和产业链、生态圈。在"大健康"观下，体育与自然环境、社会环境紧密联系，具有新的时代使命和新的内涵意义，即推进健康中国建设，实现全民健身生态化发展，因此必须充分重视生态体育的重要作用，充分发挥生态服务在体育发展中的关键作用。2019年9月，《国务院办公厅关于促进全民健身和体育消费推动体育产业高质量发展的意见》提出，到2022年，我国体育服务业增加值占体育产业增加值的比重达到60%。政策红利的持续释放使体育服务业快速向中高端水平迈进。一切为了人民，一切体育为了大众，全民健身成为国家战略后，体育服务的价值进一步凸显。通过多样化的媒介传播、提供多种类的运动项目、建设多种类的运动设施等，人们开始广泛体验体育服务带来的幸福感。2015年，"互联网+"成为中国推动经济转型的核心战略，"用户至上""联通互动""迭代创新"等创新模式开始与体育服务体系中的不同领域融合，为"互联网+体育"带来新的机遇、新的理念、新的发展模式等。体育服务业借助"互联网+"的"东风"与相关产业交叉、渗透、融合，在资源整合、线上线下互联互通等方面进展迅速。运用新一代信息技术、互联网技术等，体育信息变得更加有效、透明，传递更加快速。通过对体育产品与服务的细分化、智能化、专业化改造，有效满足了大众多元化、多层次的体育需求。体育服务业的竞争也由追求规模转为追求高质量和可持续发展，在体育服务业的生态化发展过程中起到突破瓶颈、持续发力的作用。尽管如此，体育服务生态不够完善的状况也成为体育服务业高质量、可持续发展的掣肘。

在由体育大国向体育强国迈进的过程中，在体育运动更好地满足人民对美好生活的需求的过程中，在体现新发展理念的过程中，在创新、协调、绿色、开放、共享的发展过程中，体育服务业必须转型升级，向生态化、智慧化发展。体育生态服务体系中的政策生态位、资源生态位、需求生态位以及环境生态位应该是和谐共生、融合发展的，且在不断地实现生态位扩充的前提下实现体育服务业在健身休闲、场馆服务、体育教育培训等服务业态的高质量、可持续发展。

生态系统由许多生物和非生物组成，它们通过物质循环、能量流动和信息传递的方式与周围环境建立联系，形成一个完整的生态学功能单位。体育是人类生态系统的一部分，也存在物质循环、能量流动和信息传递，三者相互配合、互相协调，促进体育生态系统的发展。在体育生态系统中，物质流主要包括人、体育器材、体育设施以及资金的供给；能量流主要包括体育人才的凝聚度、活力和层级，体育人力的注入、培养和使用等有形的能量流，以及体育在社会上的地位，政府对其的认可程度，体育在社会上所产生的影响力等无形的能量流；信息流（即知识流）主要指一切体育技术、理论、体育教学方法、体育政策法规等方面的正常运转和动态变化①。进入 21 世纪以来，人们的生活方式发生了改变，对体育服务的需求迅速增加，体育不仅可以强身健体，还是关乎民生建设、满足城市和乡村发展诉求的重要手段。在体育发展的过程中，生态体育的理念深入人心，生态体育融入经济建设、政治建设、文化建设以及社会建设的各个方面。体育服务业是生态体育理念体现比较明显的产业，其中的物质流、能量流以及信息流进一步交融。人既是体育服务的供给方，又是体育服务的需求方；在体育服务过程中，例如体育健身、体育娱乐、体育竞赛等都需要大量的人力资源，人既是资源生态位的重要组成部分，社会生活和生产活动中最活跃的因素，在体育服务过程中促进物质交换、能量流动的重要因子，又是体育服务生态体系得以良性循环的保证。体育服务业的良性发展，不仅需要政策生态位的有效扩充，还需要资源生态位、需求生态位的共同发展，与环境生态位之间形成和谐互融的发展态势。天津市是一座拥有 1 562 万市民、重视体育发展的城市，作为新一线体育城市，体育服务业对体育名城的品牌

---

① 谢雪峰，唐宏贵，张江南，等.体育生态论纲［M］.北京：北京体育大学出版社，2011：38-45.

打造起到重要作用，为贯彻落实《国务院办公厅关于印发体育强国建设纲要的通知》精神，天津市将全民健身设施工程、全民健身网络工程、智慧体育工程、青少年体育发展促进工程、竞技体育发展工程、科技保障工程、体育产业培育工程、高水平赛事打造工程、体育文化传播工程以及冰雪推进工程作为十大重点工程进行培育，以上工程均为体育服务业范畴，其建设离不开新时代新理念，离不开"互联网+"的助力，离不开体育服务业生态化发展。

第二节　发展现状

体育服务业是体育产业的核心，也是生活服务业的重要组成部分。随着经济的发展和"互联网+"时代的到来，天津市人民生活水平不断提高，对体育服务的需求量不断增加，体育服务业逐渐壮大，同时也带动了体育产业的整体发展。在迅速发展的过程中，生态化考量尤为必要，体育服务业只有符合生态化发展规律，才可以适应现代化可持续、融合性发展的需要。从生态系统理论的角度来看，城市是一个由自然、社会、经济、人文等多种要素紧密相连、互相影响的复杂生态系统，同样，体育服务也是一个生态系统，体育生态服务体系在运行过程中，不仅需要与体系之外的各种要素进行物质循环、能量流动和信息传递，也需要在体系之内完善各生态位之间物质、能量和信息的互动、循环、流动和传递，这样才能保证体育生态服务体系的良性运行。

我国已经开启社会主义现代化强国建设和体育现代化发展新征程，天津市的建设目标由全面建成高质量小康社会向建设社会主义现代化大都市迈进。《天津市体育事业发展"十三五"规划》指出,"以邓小平理论、'三个代表'重要思想和科学发展观、习近平总书记系列重要讲话为指导,以建设体育强市为目标,以转变体育发展方式为主线,以建立符合国情市情、比较完整、覆盖城乡、可持续发展的公共体育服务体系为重点,以改革创新为动力,紧紧抓住举办全运会的历史机遇,全面提升我市体育综合实力和竞争力,促进体育事业全面协调可持续发展,为满足人民群众不断增长的体育需求,为提高全市人民身体素质和健康水平,为健康天津、美丽天津建设做出积极贡献",体育服务成为关键支撑点,体育强市建设成为主要目标,可持续、完整、创新、融合成为满足人民群众体育需求的主要途径。在天津市建设体育强市的过程中,体育生态服务体系的构建和各生态位相互配合发展是必然趋势。

天津市建设体育强市、构建"互联网+体育"生态服务体系,是符合天津市体育服务业发展需求的,主要体现在以下四点。

一、"互联网+体育"生态服务体系契合天津市城市精神和体育精神的定位

城市精神是以城市为中心的文化形态及与城市有关的精神现象的总和[1],是一座城市独有的内在精神和品格,体现一座城市的精、气、神。天津市体育服务业要良性发展、可持续发展不能脱离天津城市特色,必须要理解天津城市精神。天津城市精神是爱国诚信、务实创新、开放包容[2],体现了天津市主流的价值观,是天津市人民智慧的凝结与历史文化的沉淀。天津市地处九河下梢,临近大海,水路交通运输发

① 肖红缨. 试论城市精神 [J]. 江汉论坛, 2004 (8):126-128.
② 王涛. 新媒体环境下的天津城市品牌形象传播研究 [M] //天津市社会科学界联合会. 天津市社会科学界第十一届学术年会优秀论文集——"四个全面"·创新发展·天津机遇(中). 天津:天津人民出版社, 2015:19-27.

达，所以在其崛起发展的过程中，贸易兴盛，资源丰厚。天津市是最早接受西方文化的城市，在其近百年的发展过程中，本土人文特色加上西方文化和理念的融入造就了天津市独特的开放包容的环境特点。受漕运文化的影响，天津市人民正直好义、热心互助、重礼重情，所以很多能人志士也都出现在天津市，如霍元甲，满怀爱国激情，力战西洋大力士，凸显了天津人的爱国情怀，振奋了中华民族的志气。尤其在人民追求美好生活的愿景上，天津市一直秉承为人民服务的思想理念，很多艺术作品和传统体育项目都是人民追求美好生活的反映，比如艺术作品有杨柳青的年画、风筝魏的风筝，体育项目有登杆等。如今，城市经济快速发展，而天津市城市精神所体现出的创新、包容更加促进人民团结，人民创造的财富人民享用成为体育服务业发展的出发点和目标。体育服务不仅有利于提高市民的整体素质，还在促进城市精神文明建设和经济发展方面发挥显著的作用。体育生态服务体系的构建契合天津市爱国诚信、务实创新、开放包容的城市精神，在与"互联网+"融合发展的过程中进一步展现以人民为中心的创新、包容特性。

现代体育精神包含参与精神、团队精神和规则精神，而这恰巧契合天津市的城市精神。开放的城市具有开放的精神，这在天津市的经济、文化和教育等方面均有所体现。体育服务为城市经济的发展起到很大的推动作用，作为体育服务重点行业之一的体育赛事，其举办城市必须拥有便利的交通和潜在的观众。天津市正是因为其开放性的城市特点，不仅拥有众多本地观众，还因为交通、文化等其他因素吸引很多不同地域的观众，由此更加有效地刺激体育服务业内部环境的更迭发展，实现与体育服务业外部环境的物质交换、能量流动及信息交流。城市发展和体育服务往往是相互促进、共同发展的。比如，2017年天津市成功举办第十三届全运会，在全运会闭幕之后的"十一"黄金周就显现出大型体育赛事的溢出效应，天津市统计局调查数据显示，国庆中秋假期，全市共接待中外游客 932.04 万人次，同比增长 18.2%，其中外埠游客 450.71 万人次，同比增长 17%，旅游综合总收入 90.51 亿元，同比增长 20.1%。在天津市，团队精神的代表就是天津女排，女排精神不仅体现在运动场上，也是城市团结的纽带。价值观不同的人们，往往可以通过体育运动进行交流，所以在一座城市中，体育精神和城市精神的融合是在体育服务供给的过程中实现的。《天津市全民健身实施计划（2016—2020 年）》明确规定，"建立完善全民健身法规制度体系，依法保障公民的体育健身权利""建立健全全民健身执法机制和执法体系，利用社会资源提供多样化的全民健身法律服务"，体现出天津市依法为人民提供体育服务的理念。"互联网+体育"生态服务体系的构建契合天津市城市精神定位和体育精神定位，在万物互联互通的基础上，体育服务业的发展必然要体现天津市的地域特色和文化特色，凸显独特的体育精神。

二、"互联网+体育"生态服务体系是天津市生态体育发展和生态文明建设的重要组成部分

"绿水青山就是金山银山"，作为"五位一体"格局的重要目标，生态文明建设在经济社会发展的过程中越来越重要。促进生态资源的合理利用、加强培养人们的生态意识，对带动城市经济文化等全方位发展具有重要的影响。基于此，探讨如何发展满足民生基本需求、适应天津市经济社会发展的生态体育，基于"互联网+"背景下体育资源的合理有效利用和可持续发展等问题，是对党和国家提出的生态文明建设的有力呼应，有利于解决天津市人民对体育服务需求的增长与体育生态环境

各要素之间的矛盾，对于破解当前天津市体育生态服务体系发展的困局和推动天津市生态体育发展、解决体育民生问题、构建体育和谐社会具有重要的应用价值。随着我国全民健身事业的发展，"生态体育"已经成为全民健身的主流，大众的体育运动更加追求与城市自然景观相融合、更加追求科学技术带来的体验感、更加追求体育服务带来的新鲜感等，因此生态体育服务体系的构建受到政府和社会的高度重视。

三、"互联网+体育" 生态服务体系能更好地适应天津市人民对体育服务的需求

天津市是一座具有丰富的体育文化内涵、注重人民健康的城市，有着很好的体育发展张力和大众运动基础，在"互联网+"时代，开发出适合自身发展和大众需求的生态体育服务项目，促进天津市体育服务体系向多元化、特色化、可持续、融合化方向发展不仅是人民的需求，更加是体育服务系统健康、绿色发展的需求。

随着天津市人民生态意识的不断增强和对高品质生活的不断追求，人民已经不满足于一般的体育运动和传统意义上的体育服务，对体育服务的范围、品类、质量、环境、资源等生态服务要素提出了更高的要求。体育生态服务不仅给大众传递健康的意识，促进其养成健身习惯，形成健康的生活方式，还能促进体育服务体系的重塑，促进体系内各生态位的融合发展，并以"互联网+"为依托，形成推动体育服务产业发展、展示城市精神和形象、促进城市经济发展的全新生态圈。

四、"互联网+体育" 生态服务体系适应天津市大力发展体育产业的方针政策

《天津市全民健身实施计划（2016—2020 年）》指出，要"牢固

树立创新、协调、绿色、开放、共享的发展理念,以增强人民体质、提高健康水平为根本目标,以满足人民群众日益增长的多元化健身需求为发展核心""统筹推动全民健身公共服务体系建设",要使全民健身成为发展体育产业、拉动内需和形成新的经济增长点的动力源,同时在加强设施建设、提升供给能力和服务水平方面下足功夫。《天津市关于促进全民健身和体育消费推动体育产业高质量发展的若干措施》指出,要深入挖掘和释放消费潜力,大力促进天津市体育产业高质量发展,其中强调促进体育服务业繁荣发展、推动体育制造业转型升级、挖掘产业融合发展潜力、推进体育消费提质扩容、着力拓宽投融资渠道、优化产业发展良好环境六大方面,由此可见,天津市在"互联网"时代将体育服务业的发展放在重要的位置,而体育生态服务体系构建与天津市体育服务业以及体育产业的发展相吻合,是社会发展和人类文明进步的反映,契合天津市大力发展体育产业、倡导全民生态体育的理念,更是全面建设小康城市、构建和谐城市的必然要求。

在发展体育服务业的过程中,需求生态位是促进体育服务生态环境变革的内在动力,而群众体育则是最基础的环节,在建设体育强国的进程中,加强群众体育是重要的任务之一,推动和鼓励更多的人进行体育锻炼,成为"体育人"是关键点。调查显示,天津市体育人口比例并不高,同时具备运动次数、时间以及强度等的体育人口标准的市民相对较少[①]。这也在一定程度上反映了市民对体育项目的喜好程度,和体育场馆、体育场地、健身器材的供给情况,同时也反映了市民的经济水平。

目前,天津市在体育服务供给上取得了一定成绩。在"十三五"期间,天津市创建 2 个国家级体育产业基地、11 个市级体育产业基地,

---

① 宋晓红.天津市居民参与体育锻炼状况研究〔J〕.当代体育科技,2017,7(11):191-192.

新建和改造 77 个全运会竞赛场馆，并且向群众免费、低收费开放。供给健身器材 56 000 余件，建成 291 块社会足球场地，城乡社区健身园 4 100 余处，登山步道 55 条，健身步道和自行车骑行道 200 余条。全市共有各类体育场地 26 964 个，体育场地面积达到 3 678.25 万平方米，公共体育设施免费或低收费开放率达 100%。"十三五"期间，天津市经常参加体育锻炼的人口比例大幅提升，已达到 45%。同时，天津市在体教融合、承办体育赛事、体育宣传等方面也取得显著成绩[①]。体育设施建设的完善，促进了体育服务供给能力和服务水平的提升，在统筹建设全民健身场地设施的基础上，促进了基本公共体育服务均等化。体育健身休闲设施与城市公园、公共绿地、广场、旅游景区、郊野公园等结合，资源生态位得到进一步扩充，促进了体育服务生态的融合发展，进一步满足了市民的需求，使需求生态位、资源生态位等得到合理发展。推进学校等体育场地设施向社会开放，健全了体育场地设施开放工作机制和保障政策，政策生态位通过改革创新不断发挥体育服务功效，释放效能，同时也盘活了社会存量设施资源。

"互联网+体育"的迅猛发展，在很大程度上改变了体育生态服务内部环境的构造，体育健身服务已经不仅局限于户外、体育场馆等公共设施，市民还可以选择体育类 App 进行体育运动，"互联网+"为市民带来更丰富的服务形式，资源生态位发展态势越发良好。市民使用体育类 App，不仅可以通过平台获取信息，还可以将自己的信息集中到数据库，进而更好地促进平台提供优质服务，满足各类人群的需求。

随着社会发展和天津市人民物质水平的提升，在供给侧结构性改革的背景下，人民也更加重视满足精神层面的需求，催生出重视参与性、

---

① 天津日报. 奋进五年 天津体育高质量发展 [EB/OL]. (2021-02-01) [2021-02-11]. http://www.tj.gov.cn/sy/tpxw/202102/t20210201_5343723.html.

体验性的体育旅游。体育与旅游的融合不仅拓宽了旅游市场,还促进了体育生态服务的发展。天津是拥有153.3千米海岸线的海滨城市,拥有多处4A级海滨浴场和温泉圣地,体育旅游品类比较丰富。另外,天津市是中国第一批被命名为"中国武术之乡"的城市,拥有多项武术类的非物质文化遗产项目,比如,蓟州区盘山的北少林功夫、霍元甲精武门武术、津门回族重刀等。除此之外,天津市还通过举办大型体育赛事促进体育旅游服务,2017年举办大型健身赛事活动120余项,参与市民达200万人次,仅全运会期间就接待入境旅游者345.06万人次,国内旅游收入增长12.8%[①]。

第三节 问题分析

创新社会治理体系是我国改革的核心问题,也是天津市各个方面发展的核心问题。体育服务体系是天津市改革创新的重要领域,是依托天津市社会治理体系而不断改革、发展的,体育服务体系的创新改革和生态化发展对体育服务供给、体育服务质量的提高、体育服务市场的开拓等具有重要意义。从目前来看,天津市在体育服务业生态化发展方面还存在诸多问题,政策保障、资源供给、市场开发、需求刺激等方面还存在不足。因此,在社会治理体系改革和社会生态化发展的背景下,分析天津市"互联网+体育"生态化服务体系构建中出现的问题,厘清在发展过程中的现实需求具有重要的现实意义。

---

① 冉群超,王庆生.天津体育旅游发展创新模式研究[J].天津经济,2020(9):16-23.

一、政策可操作性尚不突出，借助互联网平台与群众建立合理反馈机制效果不明显

党的十八大以来，国家颁布、实施了一系列政策：《国务院关于加快发展体育产业促进体育消费的若干意见》《体育总局关于推进体育赛事审批制度改革的若干意见》《体育赛事管理办法》《体育强国建设纲要》《国务院办公厅关于促进全民健身和体育消费推动体育产业高质量发展的意见》《全民健身计划（2016—2020年）》《国务院办公厅关于加快发展健身休闲产业的指导意见》《国务院办公厅关于加强全民健身场地设施建设发展群众体育的意见》《国家旅游局 国家体育总局关于大力发展体育旅游的指导意见》等。以上政策都彰显我国政府开始转变政府职能、简政放权，通过要素引领改变体育资源配置方式，促进体育产业快速发展的决心，并且注重发挥市场和社会的力量，从主办、主管向服务类型转变，注重体育服务业的重要支撑作用，强化了体育赛事、体育消费、全民健身等体育服务产业的战略保障。同时，大力促进全民健身，做到从人出发、以人为本，进一步显示出生态化发展的理念。在顶层设计上，不断完善体育法律法规。2020年，《中华人民共和国体育法》修订工作启动，重点解决管理性内容较多、服务性内容较少的问题，重点考虑市场在体育发展过程中的引导和可操作问题。

天津市人民政府和天津市体育局根据自身情况也出台了很多相关政策：《天津市全民健身实施计划（2016-2020年）》《天津市人民政府办公厅关于加快发展健身休闲产业的实施意见》《天津市关于加快发展体育竞赛表演产业的实施意见》等。由此可见，天津市的体育服务政策能够根据顶层设计及时改革,体育管理部门的理念和治理方法能够变革,形成党委、政府—体育及相关行政部门—体育社会组织、市场组织、社区的垂直型管理模式。在体育相关政策法规的宣传和推行方面也能做到与公众、社区紧密联系,在社区、体育社会组织、体育市场组织以及公众之间能够搭建起宣传渠道。

天津市不光在政策制定和推广宣传中取得一定的成效,还在体育管理理念方面发生了很大的变化——由"管理"向"服务"理念转变,社会主体、市场主体开始广泛参与体育服务供给。但是,随着"互联网+"时代社会、经济领域变革的不断深化,体育服务政策生态位也存在一些问题。市政府、体育局及各级管理部门大都是将上级部门的"文件精神"以文件的形式传达,对于重要的和需要细致规划的政策,存在口号式的语言过多、指导实际操作的举措比较少等问题,可操作性不强,改革效果很难显现。政策法规是体育服务业生态化发展的保障,只有明确政策法规,并且将其细化、突出实际可操作性,方能使政府、市场主体、社会主体和谐共进,展现政府在"互联网+"时代对体育服务业管理的智慧。在政策法规制定和实施的过程中,存在与上级政府与体育管理部门、体育管理部门与政府其他部门协同不到位的问题,制定相关政策时缺乏对社会和经济发展水平的整体判断,导致在后期的政策执行中容易出现问题。

"互联网+"背景下,体育政策服务不仅应该体现政府主导,还应该体现群众意见。调研结果显示,政府部门对公共体育服务相关政策的执行,61.7%的动因来源于上级要求,90.6%的动因来源于主管部门领导的要求和偏好[①]。体育服务相关政策的制定和执行应该依托互联网技

---

① 谢正阳,徐建华,汤际澜,等. 网络空间视域下公民参与公共体育政策的条件及路径研究[J]. 山东体育学院学报,2019,35(2):36-40.

术，为公众和相关部门提供反馈和参与的渠道。目前，天津市推出的一系列体育服务政策在协调发展、挖掘资源优势、与主要需求建立合理生态联系等方面存在不足。

二、体育服务资源供给与需求仍存在不平衡不充分的矛盾

体育资源是体育改革创新的前提和基础，在"互联网+"背景下，体育服务业的生态化发展更不能脱离新生资源的支持和赋能。科技资源、信息资源、人才资源等成为天津市体育服务业创新发展、生态发展的基础，能够直接或间接促进区域进步、体育技术创新、体育生态服务环境的改善。资源生态位是创新发展的能量基础，只有各种资源合理有序流动、融合发展、共同发挥作用，才能支撑体育生态服务体系的合理有效运转。2015 年《京津冀协同发展规划纲要》的颁布与实施，促进了三地的协同发展，为天津市的发展提供了战略定位和规划方向。国家部委、三地政府和相关部门出台了多项政策，以此来促进京津冀协同发展，这也是打通三地资源、促进融合发展和生态化发展的有效战略。比如，《"十三五"时期京津冀国民经济和社会发展规划》《京津冀系统推进全面创新改革试验方案》《京津冀协同发展生态环境保护规划》《京津冀协同发展交通一体化规划》《京津冀人才一体化发展规划（2017—2030 年）》等文件的颁布，对三地社会发展、产业转移、全面创新改革做出规划和政策支持。北京市的科技资源优势非常明显，大量的科技成果需要向地方转化，科技资源需要向周边扩散；天津市拥有高水平的现代制造业和较强的技术研发转化能力；河北省则处于科技资源的劣势地位，需要引进先进的科技资源进行转型升级。天津市的地理优势促进了自然资源的开发和应用。天津市地处华北平原，拥有"九河下梢天

津卫，三道浮桥两道关"的美称，吸引了大量的游客，城市体育服务业发展迅速。尤其是在成功举办第十三届全运会之后，天津市提升了城市影响力。虽然体育服务业在三地的共享共建过程中展现出迅猛的发展势头，但在体育服务资源的使用与开发中也存在明显的薄弱环节。

体育服务业的发展离不开人力资源的持续供给，天津市在体育产业以及体育服务业发展的过程中，依旧存在较大的人才缺口。

进入新时代，人民健康是确保社会高质量发展、生态化发展的主要动力，也是民族昌盛和国家富强的重要标志。在《健康中国行动（2019—2030 年）》中，重点突出了社会体育指导人员在推进全民健身、科学健身中的指导作用。人民在生活水平不断提高的同时，对高质量的身心健康的需求与日俱增。《天津统计年鉴 2020》显示，2019 年末，天津市常住人口 1 561.83 万人，城镇人口 1 303.82 万人，天津市的社会从业人员达到 896.56 万，从事文化、体育、娱乐业的从业人员仅有 6.36 万，而天津市社会体育指导员的数量仅有 4 364 人。"全民健身行动"提出，到 2022 年我国每千人拥有社会体育指导员不少于 1.9名，可见，天津市在社会体育指导员的人才储备上还存在较大的差距。

除此之外，体育服务业的生态化发展离不开管理型人才、技术型人才、研究型人才等多方的支持，从业人员不仅需要具备体育和体育服务的相关专业知识，还需要具备多种技能。《天津统计年鉴 2020》的统计结果显示，2019 年，天津市没有新增体育研发机构和体育专利，在"互联网+"背景下，体育服务业要实现高质量、生态化发展，必然加入掌握技能的研究型人才，只有扩充人力资源生态位的宽度，才能使体育生态服务体系良性运转。

从体育服务生态化发展的视角看，无论是全民健身还是自然资源的供给，公园的数量和人均占有量都会成为重要的评价指标。《天津统计年鉴 2020》指出，2019 年，天津市全民健身体育设施为 1 241 处，全民健身体育器材为 18 383 件，天津市拥有 126 个公园，除滨海新区的 38 个公园和河西区的 17 个公园以外，其余各区拥有公园的数量均在 10 个以下，而人均公园面积从 2017 年的 12.8 平方米下降到 2019 年的 9.2 平方米。公园建设和体育设施的供给方面，城乡差异也非常明显。《天津市全民健身实施计划（2016—2020 年）》指出，要打造城市社区"15 分钟健身圈"，并提出"使体育健身休闲设施进入城市公园、公共绿地、广场、旅游景区、郊野公园，把体育健身设施建设列入新建公园的规划"，因此兴建公园和在公园中增加体育设施是未来天津市体育服务业发展的主要阵地。

《2019 年天津市国民经济和社会发展统计公报》显示，2019 年，天津市民人均可支配收入为 42 404 元，较 2018 年增长 7.3%，市民人均消费支出为 31 854 元，增长 6.5%。天津市民消费热情很高，具有很大的市场前景，而其中消费增长最快的是教育文化娱乐和医疗保健支出，分别增长 12.5% 和 11.8%。可以推断，体育在促进人民健康和提供教育、文化和娱乐的过程中大有潜力价值可以挖掘。

大众有强烈的参与体育运动和享受体育服务的需求，但实际情况还存在一定的体育信息供需不平衡的问题。体育信息主要包括体育场地信息、体育活动信息、体育组织信息、体育指导信息和体育监测信息五个部分①。对天津市互联网平台体育信息服务情况的调查结果显示，大众最需要的体育信息服务平台集中在网站和手机上，尽管存在年龄差异，但是越来越多 60 岁以上的人开始偏向于使用网站和手机获取体育信息服务。目前，人们对体育信息服务的需求更多的还是获取体育资讯，而

---

① 丁青，王家宏．公共体育信息服务传播渠道和服务功能的公众需求［J］．武汉体育学院学报，2016，50（2）：18-24.

体育信息查询和互动交流也成为大众希望获得的服务，但此项服务尚存在供需不平衡的情况。进入"互联网+"时代，体育服务企业和部门可以借助现代化技术，利用通信、网络和计算机等技术和工具，加大体育信息服务供给力度，建立合理有效的体育信息服务供给体系，使体育服务更加智慧化。利用现代科技的力量，体育服务业为市民提供场馆服务、赛事服务、培训服务、健身服务等多平台、多选择式服务，依据不同人群的需要建立多视角、多渠道式的信息服务供给体系。

体育服务资源生态位是"互联网+"时代体育生态服务发展的基础保障、根本保障，体育服务资源的充分程度不仅决定体育服务质量的高低，也反映一座城市体育服务业发展的水平。为了满足广大公众对体育消费和服务的需求，体育服务业应该从体育服务供给种类上实现多元化转变、持续增加体育服务的供给数量、提升体育服务供给的质量。

三、体育人文环境的改变致使城乡体育服务发展面临新瓶颈

天津市拥有丰富的体育项目，但是随着城镇化的迅猛发展，浸透着传统体育文化、体育哲学和审美的植根于乡村的体育项目已经面临参与主体数量不足、代际传承日趋衰落的问题。例如，虽然天津市拥有传统体育、游艺与杂技类国家级非物质文化遗产4项，市级非物质文化遗产36项，但还有很多体育类非物质文化遗产尚待开发，或者处于保护不佳、传承缺失的状态，由于人文环境的改变，很多传统体育项目的传承出现了问题。城镇化的发展不仅对农村原生体育发展方向提出拷问，也对城市体育如何与农村体育融合共生共建提出问题。

从人与自然的关系看，农村拥有体育服务业发展的生态环境，而生态体育服务的目标之一就是利用山水、湿地等天然要素开展体现人与自

然共生，促进人自身和谐、人与社会和谐的体育服务，体现了绿色、可持续发展的理念。在近年的发展中，天津市虽然开始重视农村体育和植根于农村的非物质文化遗产项目的开发与保护，并且围绕农村天然场地开展了体育旅游、体育赛事等多种形式的项目，但是从城乡居民对体育服务需求的扩张视角来看，农村体育还存在很大的市场发展空间。比如，2019 年天津市拥有 95 个 A 级以上旅游景区，但其中与体育项目有关或者凸显体育价值和理念的景区寥寥无几，因此开发体现传统体育文化价值的、结合生态理念的体育服务至关重要。

第五章

天津市"互联网+体育"生态服务体系优化路径

习近平总书记在《决胜全面建成小康社会 夺取新时代中国特色社会主义伟大胜利——在中国共产党第十九次全国代表大会上的报告》中指出,"我国社会主要矛盾已经转化为人民日益增长的美好生活需要和不平衡不充分的发展之间的矛盾"。在新时代中,体育已成为人民生活和社会发展的重要组成部分,在体育服务领域也同样体现出需求与发展之间不平衡不充分的矛盾。人民对体育服务的质量和数量、宽度和广度、智慧化和数据化等方面的需求与日俱增,但是,无论是在处于核心地位的体育竞赛服务方面,还是在服务大众的全民健身、体育旅游、体育教育等方面,都存在无法与"互联网+"完美融合发展的生态问题。天津市"互联网+体育"服务业在发展过程中亦面临诸多困境,尽管如此,体育服务业整体发展趋势依旧乐观,有巨大潜力可挖掘。因此本章主要是在构建"互联网+体育"生态服务体系和对天津市"互联网+体育"生态服务实证分析的基础上,探索性地提出一些优化路径和新路子,力求符合智慧城市发展的初衷和体育服务业生态化、可持续发展的趋势。

一、深挖用户需求，合理扩充体育服务的需求生态位

在"互联网+"时代，技术的飞速变革已经改变了人们的生活环境和生存方式，人与人、人与企业、人与政府之间的互动交流，更加灵活、高效。基于此，用户需求越来越多样化、复杂化，充分了解和把握用户需求，是体育改革创新和为用户提供服务的最直接、客观的依据，对用户需求的探索和挖掘尤为必要，直接影响到需求转化为市场供给的过程。

随着健康中国和全民健身计划实施的不断深入，人们已经开始对健康有了更深的认识，通过运动来增强体质、通过运动方式改善和增强自身健康的人数在不断增加。据统计，2018 年天津市经常参加体育锻炼的人数比例达到 42%，城乡居民达到《国民体质测定标准手册》合格以上的人数比例占 93%[①]，而且在为大众提供健身体育服务方面，天津市也取得了显著成效。除了在体育健身硬件设备、健身场地、广场绿地以及免费公园、健身步道等方面不断提升服务质量，满足大众在健身设施数量方面的需求以外，体育服务还应该与"互联网+"紧密结合，深入挖掘可供用户自由、灵活选择的体育服务类产品，实现体育行为中物与物、人与物、人与人之间的互联、互通、互动，满足用户随时、随地、随意的体育应用及服务，打破时间与环境的限制，提供与传统体育服务不同的体验感和使用感。"互联网+体育"不是简单的技术与手段的融合，而是为用户提供一种全新的服务模式，在运用大数据、物联网、信息化技术的基础上，体育服务更加讲求对用户需求的管理和及时响应，讲求体育服务与多方需求、多样化需求的契合。因为当前用户需

---

① 褚夫晴. 天津全民健身服务提档升级　爱运动人数比例达 42% ［EB/OL］.（2018-11-02）［2021-02-17］. ht-tp：//www.cnr.cn/tj/mstj/20181102/t20181102_ 524402859. shtml.

求的差异性，所以需要搭建更智慧的体育平台，既能掌握用户需求的第一手资料，又能为用户及时提供服务。比如，用户在参加一次马拉松跑的过程中，其需求有可能是提升身体素质、追求健康体魄，也有可能是通过参与一次群众性的比赛，获取娱乐的感觉，还有可能是实现自己社交的预期。由于体育本身就具有多元的价值，因此，在为用户提供体育服务的过程中就可以挖掘不同用户的需求，实现各个层面的交互。

体育服务市场的不断革新，通过供给侧的结构性改革，体育服务产品也日趋丰富，所以，在深挖用户需求的基础上，还应该主动培育用户对体育服务的需求。比如，2019 年，天津市成功举办第六届中国汽车（房车）露营大会暨第四届中国天津体育旅游大会，参会代表、展商及各项赛事活动人员达 5 000 人以上，游客超过 20 万人次，整体拉动消费超亿元。另外，2019 年 8 月至 12 月，体育惠民卡发放已达 47 558 张，补贴 27 127 人，补贴金额 542.54 万元，拉动消费 2 218.71 万元①。这些都是体育服务的需求生态位扩充的合理办法，同时还应该向更宽的领域寻求结合点，促进更多的资源整合，以开发出满足用户需求的体育服务产品，借助互联网优势，形成更多跨界融合的产品，力求在体育服务业内部形成一个可持续发展的生态系统。

二、聚焦市场需求，推动本土化政策落地

政策生态位是"互联网+体育"生态服务体系构建的保障要素，不仅要符合体育服务业生态化发展、可持续发展的需要，还要切合地域发展的文化特征、治理特点等。本土化体育政策的制定可以为本地区的发

---

① 天津市体育局. 市体育局关于印发 2019 年天津市体育工作总结和 2020 年天津市体育工作要点的通知［EB/OL］.（2020－04－17）　［2021－02－15］. http：//ty. tj. gov. cn/zwgk_ 51582/zwxxgk/fdzdgknr/qtsx/202010/t20201019_ 3954977. html.

展明确方向，政府要制定切实可行的体育服务业优惠政策、完善监督管理体制以及运行机制等以实现区域内体育服务业的可持续化发展。比如，在天津市举办的 2017 年全运会上，新增 19 个大项 126 个小项的群众比赛，这是政策的扶持，为全民参与健身提供了契机，创造了条件。而在政策体系的建设与完善方面，政府既要保证支持性政策的出台，也要注重监管约束政策的保障作用，政策只有同时满足支持和调控，才可以为群众提供更全面、更优质、更持续的服务。

因为每个地方都会有自身的地域优势与劣势，所以政府应该在详细分析本土情况的前提下制定政策。对于顶层设计的政策制度除在本土推广宣传之外，还应该结合本土特色制定切实可行的制度和规则，同时注重规则的细化和可操作性。在建设布局的时候，要注重发挥政策制度的生态引导作用，充分考虑城市环境和健身环境，达到体育服务与城市自然、社会环境的协调；政策制定方面也要注重体育关联产业的生态导向，促进跨界治理和发展；在政策制度宣传方面更加应该在群众中普及，使群众成为政策制度的受益人和宣传人，促进本土化制度的落地实施。

三、资源交融流动，借助"互联网+"实现智慧体育服务

"互联网+体育" 生态服务体系中，资源生态位属于基础要素，信息资源、技术资源、人力资源及自然资源等均属于生态体育发展的重要保障。

（一）体育信息资源共建共享成为必须

在"互联网+"背景下，体育信息资源的保障和体育信息的共享服务成为满足人们对体育信息需求，促进体育服务业发展，提高生产力水

平的重要标志。例如，天津市体育局、天津市体育博物馆均创办了自己的公众号，发布天津市内各种体育信息，以及展示天津体育历史、传播奥林匹克文化，以上属于基于互联网技术平台建立的信息资源的分享渠道。但是，面对"互联网+"的浪潮，用户不仅需要获取知识性信息，还需要依托平台获取更全面、更广泛的信息。比如，在人们想要进行运动之前，通过平台可以快捷地查询到附近的场馆、场地，实现网上预约，甚至预约教练员也可以通过网络实现。经过查询，虽然天津市人民体育馆创建了公众号，但缺少服务路径的建设。由此可见，各系统之间以及系统内部并没有实现资源共享，缺少对资源共享的总体规划和操作细则。因此，建设基于体育信息资源共享目的的数据库和搭建共享网络模式尤为必要，是为受众提供体育服务的必要路径。要加大力度开发以网站和手机为主要体育信息服务的传播渠道，根据不同人群的需要合理分配体育信息在不同渠道的传播比例，有针对性地提供多功能的体育信息服务。

　　天津市体育信息资源共享平台既应该包含体育院校的科研和教学相关的数据库、天津市体育局系统方面的数据库（侧重于政府信息公开、政策法规、管理政务、体育新闻、体育训练、体育竞赛、群众体育、科学健身、学校体育、职业技能、体育社团、体育俱乐部、体育彩票、体育产业、体育文史、体育文献资料等内容），又应该包含体育竞赛相关方面的信息、体育新闻传播方面的数据库，还应该包含体育产业机构方面的信息，如体育生产和经营公司的信息、群众健身等社会指导员和教练员的相关信息、健身场地、健身场馆、可供选择的运动时间、可容纳人数、运动项目等。体育场馆运营过程中，需要注意线上线下的融合发展，实现科技与体育服务的结合，让体育服务变得更加智慧，只有这样，才可以提升用户参与的体验感，提升用户参与体育运动、享受体育服务的便利性，提高大众参与意愿，增加体育消费人口，提升用户黏性，最终拉动体育消费。

例如，由国家体育总局推动、国家体育总局体育信息中心负责建设的"天行健——全民共享健身网"就是通过信息化手段、互联网思维和市场化运作打造的全民健身互联网服务平台，主要由"天行健App"、国家体育总局及其各省市全民健身数据中心、配套政策法规三部分组成，平台可以为用户提供场馆服务、赛事服务以及体育培训服务。在天行健网建设系统中包括体育综合信息服务平台、体育场所智慧化系统和体育数据监控中心。在体育综合信息服务平台中包含场馆资源、教练员资源、赛事信息、运动健康、工作动态、体育小镇（旅游）等方面的信息，可以实现运动场所的信息化、公开化、透明化；体育场所智慧化系统可以提供线上场地预订、票务售卖、会员管理、用户角色等功能；体育数据监控中心则可以更便捷地储存用户信息、场馆信息及相关数据，更好地为日后的体育服务提供依托。

（二）科学技术资源成为各个层面改革的加速器

体育信息资源共享与技术的进步息息相关。在"互联网+"时代，科学技术已经成为推动体育服务突破困境的重要力量。大数据、物联网、虚拟现实、人工智能等技术，都在加速体育服务业的变革。科学技术的进步不仅为体育信息资源的共建共享提供了可能，还为政府决策、人才供给、环境监测等提供了保证。加速对各类体育服务行业建立数据库，对用户运动行为、偏好等进行大数据分析，将碎片化信息进行整合处理，形成对体育服务和体育相关信息的数据采集、数据处理、数据分析和数据应用的闭环结构。

（三）扩充人才资源生态位，为体育生态服务体系的发展持续发力

科学技术的发展也必然促进人才的高质量发展，目前体育人才缺失是体育服务业发展面临的主要困境之一，仅从天津体育学院 2019 年毕业生就业情况来看，2019 届毕业生共计 1 478 人，其中签约单位属于文化、体育和娱乐业的仅有 225 人，签约单位在天津市的只有 105 人①。可见，体育服务人才困境是必须要改善的现状。高校是体育人才培养的重要阵地，虽然培养了很多人才，但是也存在着偏重理念教学、缺乏实践的问题，所以要将"走、转、改"继续推进，不断完善和改革高校体育人才培养模式。除了要加强体育院校人才培养力度和人才供给能力，还要积极调动社会力量，挖掘有经验人士和"高精尖"人才，不断增强体育培训服务供给能力。无论是体育知识培训还是体育运动及技术培训，都需要体育服务人才的持续供给。比如，在体育课上，教师要运用互联网技术加强教学效果，运用互联网思维进行教学活动，建立学生信息数据采集系统，提升学生的信息化素养，通过科学有效的技能培训，使学生成为体育服务业所需的人才。

（四）自然资源与社会资源融合发展，构建更加适合新时代的体育服务生态体系

"互联网+体育"生态服务体系的构建是基于各个资源生态位的合理、有效扩充，促进体育服务资源相互融合、相互促进，从而实现体育服务业的生态化、可持续发展的目标。而在"互联网+"的时代背景下，体育服务业的发展除了依托以互联网技术为根本的科技资源、信息

---

① 天津体育学院．天津体育学院 2019 届毕业生就业质量报告［EB/OL］．（2019-12-25）［2021-02-17］．https：//xxgkw. tjus. edu. cn/info/1049/1672. htm.

资源等，还应该进行自然资源和社会资源的布局、开发与合作，打破以往由于无序状态造成的重复建设、资源浪费等局面，努力实现资源的关联互补、整合发展。

近年来，体育公园和特色体育小镇的开发与兴建就是很好的充分利用自然资源与社会资源的案例。

由于经济快速发展，城市人群闲暇时间增多，体育健身、体育休闲、体育养生等方式成为人们生活的调剂品，甚至是必需品。正是基于以人为本的出发点，充分考虑人们在体育运动中充分享受城市绿色空间的需求，政府应充分挖掘城市传统公园的潜力，将绿地的观赏性与实用性更好地结合，不仅要满足人们亲近自然的需求，还要满足人们对体育运动和健身的需求，同时也通过一系列体育设施、周边环境的改造，合理利用自然资源与社会资源，实现生态化融合式发展。随着信息化、科技化技术的不断发展和完善，体育公园的设施不仅要满足人们的健身需求，还要更加智慧化、人性化。在体育公园中设置更加符合大众需求的、体现互动参与的智能化健身设施，同时在其中融合区域特色文化项目，因为文化资源是区域体育服务的灵魂，这样既能贴近大众的心理，又能在大众进行体育运动的过程中，实现地域特色体育文化的宣传，进而实现体育文化资源的流动和扩散。只有使文化资源不断融入体育服务领域，才能保证体育生态服务业的持续发展，才能拥有更广阔的市场需求。

体育小镇是打破传统的体育服务产业生态的新兴形态，也是将体育与旅游、新型化城镇共同融合发展而出现的新领域、新模式。如何将优秀的体育文化与独特的体育资源进行合理开发和利用，实现资源的合理配置，培育具有天津市特色的、高质量的体育小镇是天津市目前需要思考的重要问题。城镇是以人的生产和生活为中心的环境系统，只有拥有完善的结构和功能才能更好地满足人们对居住、工作、交流的需求。体育小镇的开发和建设不能脱离资源的支持，所以立足天津市的实际情况，探寻适合自身发展的路径是基础。另外，在社会的发展过程中，体育服务业的资源也在随时发生变化，比如人口流动、消费需求、资源更新等方面都会对体育小镇的发展造成影响，所以天津市要根据变化的情况随时进行创新性变革。在体育小镇建设之初，天津市要立足于实际情况并结合当地文化资源特色，以提升居民体育生活品质为目标，进行整体性的、符合生态发展规律的规划，在具体实施时可以从配套设施、环境设计以及功能布局等方面进行设计规划，并结合互联网技术平台，力争建成符合大众需求的具有科技感和互动性能的体育小镇。在体育小镇的发展过程中，天津市也要注意将其与不同商业形式相结合，丰富体育服务产品，建设具有独特的人文风情的、功能定位清晰的体育小镇。天津市是一座文化历史名城，是著名的国际港口城市和生态城市，位于环渤海经济圈的中心，是中国北方最大的沿海开放城市，交通便利，东临渤海，北靠燕山，与北京毗邻。因此，天津市适合打造融合体育、文化、健康、旅游于一身的体育小镇。体育小镇的特色是其发展过程中的关键，比如，在靠近渤海的区域可以创建适合开展水上项目的特色体育小镇，在民族传统体育文化比较集中的地区创建以休闲、养生为核心的康体型体育小镇，在郊野可以创建以休闲体验为主的体育小镇，等等。充分利用城市废弃工厂和荒地，将其改造成体育健身休闲设施和场所，开发多种体育服务形式，这样既可以综合运用不同的资源优势，又可以在互联网平台进行宣传、交流和互动，达到既开发市场需求又满足大众需求的目的。

四、实现体育生态服务体系的可持续健康发展

"互联网+体育"生态服务体系的运转是由多主体协同合作实现的，

不仅需要政府的政策、法规等驱动，还需要市场、社会等环境的多主体支持。因此，天津市在建设体育生态服务体系的过程中，既要考虑各生态位的扩充与融合，又要注重各生态位在体育服务生态环境中的价值应用。体育本身就具有多元价值，体育服务必然会与政治、经济、文化、社会等多元素紧密相连，而体育生态服务体系的建设和发展，也必然关乎经济结构调整、体育服务业升级以及人自身的发展和人与自然的和谐共生等方面。依托互联网平台，将体育服务与人的发展需求、娱乐需求、健身需求、健康需求等相结合，才能实现人才吸纳、服务创新，从而构建更加完善的体育生态服务体系。

附录

天津市互联网平台体育信息服务
调查问卷（公众部分）

您好！我们是"天津市'互联网+体育'生态服务体系构建研究"课题组，为了解天津市大众依托互联网平台接受体育信息服务的现状，掌握大众对"互联网+"时代体育信息服务的需求，评价目前天津市体育信息服务的质量，设计了本问卷。希望您在百忙之中能够抽出宝贵时间予以作答，您的意见和建议是对我们最大的支持，非常感谢。

本次调查采取匿名的方式，请直接在选项答案序号上打"√"。

一、个人基本情况

1. 您的年龄：
   A. 未满 18 岁　　　　　　　　B. 18~44 岁
   C. 45~59 岁　　　　　　　　　D. 60 岁及以上

2. 您的性别：
   A. 女　　　　　　　　　　　　B. 男

3. 您的学历：
   A. 初中及以下　　　　　　　　B. 高中
   C. 专科　　　　　　　　　　　D. 本科
   E. 研究生及以上

4. 您的身份：

A. 学生   B. 机关或事业单位人员

C. 企业单位人员   D. 其他（请填写）：_____

二、体育信息服务的用户需求情况

1. 您接收体育信息服务的主要传播渠道（单选）：

A. 网站

B. 手机及其他移动终端

C. 电视广播

D. 宣传栏

E. 报纸、杂志、宣传册等纸质媒介

F. 线下宣传

2. 您对下列体育服务信息传播渠道的需求态度（请直接在"_____"上打"√"）：

非常需要   比较需要   一般需要   不太需要   不需要

A. 网站体育信息服务

_____   _____   _____   _____   _____

B. 手机体育信息服务

_____   _____   _____   _____   _____

C. 电视广播体育信息服务

_____   _____   _____   _____   _____

D. 宣传栏体育信息服务

_____   _____   _____   _____   _____

E. 纸质媒介体育信息服务

_____   _____   _____   _____   _____

F. 线下体育信息宣传服务

_____　　_____　　_____　　_____　　_____

3. 您通过不同渠道接受体育信息服务的目的（可多选）：

A. 了解体育资讯

B. 学习体育健身、体育养生等知识

C. 查询健身路径及体育场馆

D. 掌握体育场地设施及器材情况

E. 查询相关教练情况或体育培训机构

F. 测试和掌握自身健康情况以及适宜的体育运动

G. 专业研究需要

H. 好奇好玩、休闲娱乐

I. 参与体育竞赛（包含观赛和自己参赛）

J. 其他（请注明）：_____

4. 目前，您最需要的网站体育信息服务平台的功能（单选）：

A. 体育信息咨询发布

B. 体育信息查询检索

C. 体育信息交流互动

D. 体育信息监督反馈

对此服务功能的满意程度：

A. 非常满意

B. 比较满意

C. 一般满意

D. 不太满意

E. 不满意

5. 请您客观评价在网站体育信息服务以及手机体育信息服务方面的整体需求满意度：

      A. 非常满意

      B. 比较满意

      C. 一般满意

      D. 不太满意

      E. 不满意

6. 请您简要写出您对互联网平台体育信息服务方面的其他需求：

_____

_____

_____

_____